破产实务相关问题研究

柴 丽 著

东北林业大学出版社
Northeast Forestry University Press
·哈尔滨·

版权专有　侵权必究
举报电话：0451-82113295

图书在版编目（CIP）数据

破产实务相关问题研究/柴丽著.—哈尔滨：东北林业大学出版社，2022.4

ISBN 978-7-5674-2742-6

Ⅰ.①破… Ⅱ.①柴… Ⅲ.①破产法—研究—中国 Ⅳ.① D922.291.924

中国版本图书馆 CIP 数据核字（2022）第 068810 号

责任编辑：	刘　晓
封面设计：	乔鑫鑫
出版发行：	东北林业大学出版社
	（哈尔滨市香坊区哈平六道街 6 号　邮编：150040）
印　　装：	北京经纶通文化科技有限公司
开　　本：	170 mm×240 mm　16 开
印　　张：	11.75
字　　数：	217 千字
版　　次：	2022 年 4 月第 1 版
印　　次：	2022 年 4 月第 1 次印刷
定　　价：	45.00 元

如发现印装质量问题，请与出版社联系调换。（电话：0451-82113296　82191620）

前　　言

笔者从事破产法学的教学工作十余年，参与破产实务案件十余件，亲身经历了我国破产法从边缘到被重视的过程。随着市场改革的深入推进，破产案件量快速增长，"破人"队伍也成井喷式增长。此趋势凸显了我国通过破产法规范企业退出机制、拯救困境企业的决心，但是在此过程中也应当看到由于我国破产法具体规范中存在的先天不足，以及破产人才队伍的素质良莠不齐，同时破产案件的复杂性，导致破产实务处理中存在很多的不足及问题。在此背景下，各地在破产实践中积极探索，理论界也强化研究建言献策，对此，笔者作为一个从事法学教育、研究和实务的有着较深的破产情节的法律人来讲也欲通过本书将自己的一些感悟和建议进行梳理，以期为我国破产法的完善及破产实务提供一些参考资料。

我国1986年的破产法是以破产清算为主导程序，企业进入破产程序就意味着"死亡"。现行破产法从制度设计上完成了彻底的理念变身，当前的"破产"并非"死亡"，也不仅仅是注重债权人的公平清偿，而是给困境企业一个进入"重症监护室"，受到各方"治疗"和"护理"的"一揽子"解决企业所有法律问题的选择路径。但是客观地评价，当前我国破产法的作用还未能得到充分的释放，破产实务操作还需要进一步规范，破产实务参与者还需要继续成长。对此，全国人民代表大会常务委员会执法检查组在关于检查《中华人民共和国企业破产法》实施情况的报告中，在肯定破产法实施取得积极成效的基础上，也明确指出了存在的问题。

破产案件的办理既涉及实体的处理也有程序上的规范要求，所涉主体不仅有债权人和债务人，还涉及职工、社保机构、税收机关、政府等相应主体，极其要求法律效果和社会效果的统一。所涉问题涵盖面较广，不仅涉及民事法律关系的处理，还涉及行政、刑事等法律关系的解决。正是"一企破而动全盘"！

破产理论博大精深，破产实务纷繁复杂，本书作者仅结合破产实务中的几个点进行分析和阐述，按照程序设计 → 程序开始 → 程序中的关键环节 → 最终债务人财产清偿的逻辑编排，共包含八章，尽可能做到既有宏观上的分析论证，也有实务操作上的建议，以期给"破人"同行们以参考和启发！

由于水平有限，书中观点难以避免会存在一些偏颇及纰漏，恳请读者同仁和专家学者们批评指正！

柴丽

2021 年 10 月

目 录

第一章 我国破产法的程序设计及破产申请路径选择……………………1
  第一节 我国破产法程序路径的设计理念……………………………1
  第二节 我国破产法程序路径设计模式………………………………3
  第三节 我国破产申请具体程序路径…………………………………6
  第四节 "执转破"程序的设计及适用………………………………20

第二章 破产受理审查及考量………………………………………………22
  第一节 破产程序路径启动机制的立法分析…………………………22
  第二节 破产受理的审查内容…………………………………………25
  第三节 破产受理审查方式……………………………………………31
  第四节 当前破产受理审查的难点……………………………………35
  第五节 破产受理难的原因分析………………………………………39
  第六节 破解企业破产受理难的建议…………………………………40

第三章 债权申报及审查……………………………………………………45
  第一节 债权申报规则…………………………………………………45
  第二节 未按期申报债权的效力及处理………………………………51
  第三节 债权的审查及异议处理………………………………………66

第四章 破产程序中债权人的权利行使与保护……………………………74
  第一节 破产程序中债权人的权利清单………………………………74
  第二节 债权人会议的职权及决议规则………………………………90
  第三节 债权人委员会的职能及相关问题分析………………………93

· 1 ·

第五章 破产程序中的职工债权处理及职工权益保障……99
第一节 破产程序中妥善处理职工债权的必要性及实务处理障碍……99
第二节 破产程序中职工的身份界定……101
第三节 破产法中的职工权益保障体系……105
第四节 职工债权的范围厘清……108
第五节 职工债权调查与确认……115
第六节 关于职工社保保险相关债权在破产程序中的定性与确认……119
第七节 破产案件中职工社会保险问题的具体情形梳理与处理……125
第八节 职工债权公示及异议程序……129
第九节 破产程序中妥善处理职工债权的建议……131

第六章 债务人财产的盘核……133
第一节 债务人财产范围……133
第二节 债务人财产盘核工作的基本方法……138
第三节 债务人财产的追回……140
第四节 知识产权特殊财产的调查与处理……146

第七章 重整计划执行变更问题……155
第一节 破产重整计划变更制度的当前规定解读……156
第二节 破产重整计划变更立法的理论溯源……159
第三节 破产重整计划变更制度的构建分析……162
第四节 破产重整计划变更制度设计示例……169

第八章 破产程序中的债权清偿规则……171
第一节 一般清偿规则……171
第二节 特殊清偿规则……173
第三节 破产费用和共益债务的认定……176

参考文献……180

第一章　我国破产法的程序设计及破产申请路径选择

第一节　我国破产法程序路径的设计理念

不同的破产理念必然会在破产程序的设计上有所体现。我国传统的观点对破产程序的理解较为狭义，只是单纯地从破产程序的基本功能——债务清偿的角度进行认定，认为破产程序仅是在债务人缺乏清偿能力时，为维护债权人的利益而进行的一种特别程序。该观点较为单一，只关注破产程序的偿债功能，且仅从债权人的角度对破产程序进行理解，而忽略了破产程序对于其他主体利益的维护和衡量，如债务人企业、职工、国家利益等。该观点是把破产法局限性地界定为企业退出法，严重束缚了破产法作用的发挥。困境企业如同生病的"病人"，需要给予其多种"治疗方案"，因病治企，尤其是给予其"救治"的机会，而不能"一棒子打死"。当前世界上经济较为发达、破产法相对成熟的如美国、英国、日本等国的破产法已经将"救企"作为破产法的主要功能，因此，在这些国家困境企业进入破产程序乃是需求救助，从而获得"喘息及重生"机会，是属于保护型措施，进入破产程序乃是"破产保护"。

我国 1986 年 12 月 2 日第六届全国人民代表大会常务委员会第十八次会议通过《中华人民共和国企业破产法（试行）》[①]，该法在程序的立法设计及司法实践中都是以破产清算为主导，虽然也有和解整顿制度作为拯救制度，但是效果弱化，并没有达到拯救效果，因此，我国的旧破产法实质上是一部企业清算法，而且旧破产法在破产能力上限制为国有企业，将民营企业排除在破产法适用范围之

[①]《中华人民共和国企业破产法（试行）》于 1986 年 12 月 2 日第六届全国人民代表大会常务委员会第十八次会议通过，1988 年 11 月 1 日开始实施，于 2007 年 6 月 1 日废止，本书为便于与现行破产法相区别，该法统称为旧破产法，现行破产法称为新破产法或破产法。

外。通过破产清算程序规范企业的退出行为，这是合理的，通过清算程序对企业的所有法律关系进行一揽子解决，这也是对全体债权人的清偿利益的公平保护，也实现了企业进出市场的有序化，同时也是对一些"劣质"企业挤占的资源的释放。但是由于清算的后果是"死亡"（主体资格被注销，企业退出市场），对于"无药可救"之病企清算无可厚非，而对于还有挽救希望或存续价值的企业也适用破产清算退出，反而是背离了破产法的本意，对相关主体未必有利。债务人企业作为市场经济运行链条中的一个"节点"，其破产清算退出必将会引发一系列的连锁反应，有时甚至形成"多米诺"骨牌效应，将和其有负债的或者关联的企业一并拖入破产边缘。与此同时，企业一旦退出，当地的税收减少，其职工将面临失业，增加社会保障或救济负担，诱发社会不稳定。而且债权人的债权是在现有财产清算值为基数下的清偿，清偿率无溢出空间，对债权人来讲也非好事，破产实践中破产分配普通债权清偿率为零的案件并不鲜见。

正是因为破产清算有其无法克服的弊端和局限，因此需要思考如何在破产程序设计中化解这些矛盾、解决这些冲突。我国2006年8月27日颁布，于2007年6月1日开始实施的《中华人民共和国企业破产法》在破产立法理念上发生了实质上的转变，立法者充分地认识到对困境企业拯救的意义和价值，确立了以拯救为主、清算为辅的立法理念，实现了破产法功能的多元化。基于此理念，新破产法对我国的破产程序进行了重新架构，在原有的破产清算程序之外，增加了破产重整制度，完善了破产和解制度，最终形成清算和拯救并存的破产程序体系，而且这三种程序相互独立，但又可以相互转化、相辅相成。有学者将此程序设计形象地称为"一个大门，三个小门"的一室三厅结构[1]。"一个大门"是指破产受理启动程序到破产程序终结的整个过程统称为"破产程序"，使用"大破产"的概念，可以将之称为"大门"；而"破产清算程序"、"破产和解程序"与"破产重整程序"[2]是作为并立可供申请人选择适用的具体的子程序，可以称为"小门"。"破产和解程序"与"破产重整程序"是属于拯救程序，和解成功、重整成功后企业将获得新生。因此，在新破产法的破产程序设计中，企业进入破产程序不等于"死亡"，还有"救活"的机会。

[1] 李永军. 破产法的程序结构和利益平衡机制 [J]. 中国政法大学学报，2007（1）：17-18.
[2] 在我国破产法的术语表述中，破产重整程序（破产和解程序）和破产重整制度（破产和解制度）的内涵是不一样的。破产重整制度（破产和解制度）包括破产重整程序（破产和解程序），但是还包括重整计划（和解协议）执行程序。从时间节点上，破产重整程序（破产和解程序）只是破产程序的一个中止节点。

我国新破产法中的破产程序设计的框架体系，很清晰地彰显了新破产法作为企业拯救法的全新破产理念，而且直接体现在立法中，破产重整和破产和解作为专章规定。这也是一个良性完备的破产法律制度应当呈现的状态，防患于未然，企业在"病变"初现端倪时就及早进行救治和干预，以防止其恶化。实践中，新破产法实施以来，困境企业通过破产重整实现重生的成功案件量不断攀升，也足以说明破产法拯救企业功能的价值。客观地评价，我国新破产法已经完全突破传统的破产清算固有思维，放大格局，使破产制度的存在价值更具有合理性和现实性。正是在此意义上有学者在对旧破产法完善建议里给予了破产重整制度很高的评价，认为"重整制度更新了破产法的观念和结构，并拓展了民商法的思维空间，既实现了债务的公平清理，同时还实现了困境企业的拯救和复兴"。[1]而且当前我国中央政府高度重视企业破产工作，在党的十九届四中全会明确要求健全破产制度，并且通过《中共中央、国务院关于新时代加快完善社会主义市场经济体制的意见》等重要文件对健全优胜劣汰市场化退出机制、进一步完善企业破产法律制度做出了战略部署[2]。

总而言之，按照我国新破产法的程序设计规定，在债务人企业具备破产原因的情形下，相关主体就可以向人民法院申请其进入某个子程序，而且在程序内满足一定的条件下还可以进行程序之间的转换。但是需要指出的是，新破产法虽然在立法理念上发生了较大的转变，但是也并非一味地追求对债务人企业的救赎，而是需要根据企业的具体情况进行评价、判断，对有重生希望[3]或者存续价值[4]的企业，可选择适用重整程序或和解程序。但是对一些无挽救希望或价值、或适用拯救程序仍无法摆脱困境的企业，还是应果断地适用破产清算程序或者向破产清算程序转化。

第二节 我国破产法程序路径设计模式

正是基于对破产功能的再认识，在现代拯救（预防）的破产法语境下，破产

---

[1] 王卫国. 论重整制度 [J]. 法学研究，1996 (1)：95.
[2] 参见全国人民代表大会常务委员会执法检查组关于检查《中华人民共和国企业破产法》实施情况的报告。
[3] 有些困境企业属于"有药可救"的，只要给予其一定的缓冲空间或资金扶持，其就可以脱离困境，实现重生。
[4] 有些企业虽然救治成本较高，但是由于该企业涉及民生或者其他原因而不得不救。

程序是一个多元化的综合概念，内涵丰富，而远非"破产还债"这一层狭义概念，这一点是现代意义上的破产与传统意义上的破产比对中的质的区别。这种转化标志着破产法律制度规范内容的丰富化、多样化，也直接体现了破产法律制度价值目标的综合性、多元性。

目前世界各国的破产立法因社会环境、立法背景、立法取向等的差异，虽然总的趋势是以拯救为主，但是在破产程序的设计模式，即程序的适用安排方面还存在着一定的区别。当前世界上破产程序的设计模式总共有三种主要的立法选择模式。

一、纵向推进模式：清算、和解、重整三个程序依次适用

在纵向推进模式下，清算、和解、重整在破产程序中是处于依次适用状态，一般有两种方式。第一种方式：清算前置主义，即按照清算→和解→重整的逻辑顺序进行适用，在清算中和解，和解不成再重整，重整失败再清算，也即启动程序需要从清算程序进入，在清算程序中谋求生路，置之死地而后生。这种立法模式拉长了程序时间，影响效率，导致破产成本高，也不符合救赎逻辑，因而目前采用的国家不多。第二种方式：和解前置主义，即按照和解→清算或者和解→重整（重整失败→清算）的逻辑顺序适用，即要么先和解再清算，抑或先和解再重整，总之清算或重整程序的前提是必须先和解，和解失败才能适用重整、清算程序。该体例的立法逻辑是破产程序解决的依然是私权，因而尊重当事人的意思自治，同时和解的成本相对较低。当前英国破产法即采用该立法例。

二、和解分立模式：和解与清算为程序启动模式

和解分立模式下，当事人通过申请和解或清算启动破产程序，在程序中可实现程序的转化，比如清算转和解或重整、和解转重整或清算。该模式下，"清算和和解并立，而重整程序是依附于清算或和解的，申请主体无权直接选择重整启动程序。该模式主要是大陆法系国家的一些国家适用"。[1]

三、并列选择模式：清算、和解、重整三个程序独立并存

并列选择模式下，清算、和解、重整三个程序处于并列地位，由当事人自行选择适用何程序。该模式下给予申请主体充分的自由选择权，当事人选择其一启动程序，在程序中也允许申请主体根据程序进展自由申请程序之间的转换，因此该模式下的程序适用较为灵活与随意。

---

[1] 参见 http://www.110.com/falv/pochanfa/pcqingsuan/pcqschengxu/2010/0712/85535.html

上述三种模式各有千秋。第一种模式是程序适用逻辑清晰。但是这种模式的弊端也显而易见。对于困境企业来讲，如果一开始就选择清算"死亡"，启动之初就处于"绝望"状态，往往是"病情严重"，甚至是"不治之症"，这样即使再和解、重整，很显然救治难度是较大的，而且成本高。该模式在适用后很多国家就意识到其不足，对该制度进行了完善和改革，纷纷地转向和解前置设计，即进入清算程序前先和解，和解不成再清算。而且在启动条件上，和解和重整的条件相对清算来讲要更为宽松，这样能给予更多困境企业获得破产拯救及成功的机会，这样的调整后比严格按照程序依次进行更为合理，增强了救治效果。第二种模式和第三种模式皆属于和解分离类型，都将和解作为启动破产程序的路径。差异在于对重整的态度，一种是重整是附属程序，一种是独立程序。

我国新破产法中对破产程序涉及的路径模式选择上采用程序并列模式，但是结合我国的国情进行了创新和限制。在程序设计上清算、和解、重整三种程序独立并列，申请主体可自由选择启动何种程序，在破产原因方面申请重整的门槛要比清算和和解设置的低，给出现困境端倪的"亚健康"企业选择适用破产程序解决问题的机会；同时，我国新破产法还规定在程序内各程序间可以转化，但是基于司法效率考虑对程序内的转换进行了限制。比如只允许债权人申请清算的，允许债务人申请转入和解或重整。从目前的法律规定分析，也不允许多次转化。

我国破产法选择该模式对破产程序进行设计的考量在于对各程序价值的定位不同。破产清算程序的功能很清晰，是无药可救企业公平清偿，中断市场链的有效规范，是典型的对不适应市场竞争企业的淘汰退出机制。而破产和解程序和破产重整程序为企业拯救程序，但是这两者的功能定位也有差异。破产重整属于积极的拯救程序，而破产和解属于消极的预防程序。企业重整成功后恢复营运能力获得"新生"，其所有的债务及困难都在破产程序中一揽子解决。而和解成功后存续下来的企业的命运将呈现两种状态：一种状态是企业因债务及困难在破产程序中解决而轻装上阵得以重生；另一种状态是由于资金全部用于偿债，导致经营难以维系，走出破产程序后即注销而退出市场，但是此时的是生是死属于破产程序外的企业行为。重整程序所追求的终极目标是要让企业"生"且"健康的存续"，即走出破产程序后，企业的"病症"得到治愈，成为一个健康的良性运转的市场主体。而和解程序所追求的目标是解决债务问题后的存续，即企业走出程序，如同"头疼医头，脚疼医脚"，只是缓解了"债务危机"，如单纯是因债务负担问题该方法能有效解决，但是如若是产品结构、经营理念、管理模式、融资困难等问题属于"病根"的，则在和解程序中往往不能彻底消除。

各程序追求目标的不同必然体现在制度设计上，重整制度中为了追求企业的"生"而尽可能地给予债务人企业多的机会甚至是限制债权人的权利，比如担保债权的暂停行使、对重整计划的再次表决、强裁制度。而在和解程序中更注重的是债权人的意思自治，注重效率，一旦债权人对和解协议表决不通过即转入破产清算程序。可见，破产和解制度和破产重整制度功能定位是有所差异的，重整制度排序为"拯救→公平→效率"，而和解制度为"效率→公平→拯救"。因而在适用和解程序时，要从其根本目标（快速解决债权债务关系）角度出发，简化程序，提升效率，实现债权人的快速受偿，在此基础上，产生避免债务人企业破产清算的客观结果。

综上，我国破产法破产程序的设计模式是科学的、合理的。三种程序不同的价值取向和程序目标给予陷入困境的企业多项选择机会，既体现了拯救的立法目标，也给予了应退企业规范退出路线；既维护了债权人的权益，又防范了恶意申请导致企业清算风险。

第三节　我国破产申请具体程序路径

如前所述，我国新破产法明确了企业破产制度在具体司法实践当中的运用，重新构建了更符合现实需要、更为科学合理的破产程序制度。依照新破产法的规定，进入破产程序并不意味着债务人必然"死亡"，因此，在新破产法中，破产程序在概念上有广义和狭义之分，狭义的破产程序仅是指传统意义上的破产清算制度；而广义的破产程序则包括破产清算制度、破产重整制度和破产和解制度。我国立法及本书所研究的均为广义上的破产程序。

"一个大门，三个小门"的破产程序体系架构，使得我国破产程序路径复杂，程序套程序、程序通程序、通道交错。选择合理的破产程序路径是破产申请人维护自己的利益、实现自身利益最大化的关键。但是由于新破产法设计的破产程序的复杂性，导致实践中一些破产申请人在破产程序的选择适用上有一定的难度。因此，本书对新破产法中的破产程序的具体路径进行梳理，厘清新破产法及理论上存在的所有破产程序的具体路径，为破产法的适用以及当事人的选择提供一些参考。

一、我国新破产法中的破产程序具体子程序分析

（一）破产清算程序

破产清算程序就是狭义的破产，是指"债务人不能清偿到期债务时，达到破产宣告的界限后，对其进行破产宣告，将其全部财产进行清理、变价、分配，按照法定规则给债权人进行清偿，从而导致两者之间的债权债务关系消灭，而企业注销的程序"[1]。破产清算程序是各国破产法的一个最基础的程序，其目的就是当债务人企业偿债资产不足的情况下对全体债权人的公平清偿、规范退出的问题。一旦程序终结，企业的法人资格将被注销，归于消灭。

根据我国新破产法第二条[2]、第七条规定[3]，企业法人在出现偿债能力不足时可选择通过彻底清算的方式解决债务问题。目前破产法未对偿债能力不足的程度进行限制，即不管困境程度如何，原则上只要符合法律规定均可选择破产清算路径。但是笔者建议该路径的选择应当谨慎，人民法院在受理时也需要严格把关，破产法不仅仅是解决债务问题，还涉及多方利益，如果"病症较轻"仍选择"灭亡式"清算，这是得不偿失、弊大于利的。由于我国破产程序的启动属于申请主义，因此如申请主体执意申请破产清算，人民法院也无权擅自进行程序的变更，但是作为人民法院来讲需要进行法律后果释明，建议更为合理的路径。

（二）破产重整程序

破产重整程序是最为典型的困境企业拯救程序，是"债务人企业陷入困境，但是存在拯救价值和拯救希望时，人民法院基于利害关系人的申请，对债务人与债权人等利害关系人协商后形成的重整计划予以裁定确认，重整计划执行完毕后，债权债务得到清理，债务人企业得以存续的程序"。而且除直接启动重整程序，在程序内还可以由清算转入重整[4]。该制度是我国新破产法中的创新制度，直接体现了我国

---

[1] 韩长印. 破产法学 [M]. 北京：中国政法大学出版社，2019.
[2] 破产法第二条第一款对企业进入破产程序的原因进行了规定，企业法人不能清偿到期债务，并且资产不足以清偿全部债务或者明显缺乏清偿能力的情况下，相关申请主体可以向人民法院申请破产清算、破产重整、破产和解。
[3] 破产法第七条规定了破产清算的三种启动原因及启动主体：一是债务人有本法第二条规定的情形，可以向人民法院提出重整、和解或者破产清算申请；二是债务人不能清偿到期债务，债权人可以向人民法院提出对债务人进行重整或者破产清算的申请；三是企业法人已解散但未清算或者未清算完毕，资产不足以清偿债务的，依法负有清算责任的人应当向人民法院申请破产清算。
[4] 破产法第七十条第二款规定了程序内清算程序向重整程序转化的适用情形。适用需要满足三个条件：一是债权人申请对债务人进行破产清算的；二是在人民法院受理破产申请后、宣告债务人破产前；三是债务人或者出资额占债务人注册资本十分之一以上的出资人才有权申请。

破产理念的转变，是我国破产法回应世界破产立法趋势的结果。该程序的确立意义是显而易见的，将极大地促进我国破产法的进步及困境企业的深层次变革。

我国破产法对重整程序的启动设置的门槛相对清算程序和和解程序较低，企业法人如出现清偿能力现实缺乏抑或将来无法清偿风险的，皆可向人民法院寻求在程序内的脱困救助。破产重整程序的设计如同病人进入"重症监护室"，将一切矛盾都关在门外，组成专家团队力量进行"专家会诊"，制定救治方案，让困境企业专心经营。因此，一旦启动破产重整程序，人民法院、管理人、债务人企业、政府、债权人等都需要积极主动地参与救治，一旦重整成功，对于各方来讲都将实现利益最大化。

（三）破产和解程序

我国新破产法的破产和解程序源于旧破产法，但是有所创新。破产和解程序是指债务人企业偿债能力出现问题时，为避免企业被注销，选择通过司法程序和无特定财产担保的债权人达成和解协议来一揽子解决债权债务问题，债务人按照和解协议清偿债务，和解协议执行完毕破产程序终结，债务人企业得以存续的程序。该程序旨在解决债权债务关系，是建立在普通债权人的让步基础之上，和解成功后债务人企业的债务危机解除，财务压力缓解，债权包袱得以摆脱，但是走出程序后对于企业来讲"生死"未卜，可能因债务清偿导致财产损失殆尽而经营无力维系而注销，也有可能因债务包袱解除而轻装上阵得以存续。不管结局如何，总之在和解程序中企业也有重生的机会，因此该程序也属于破产拯救程序。而且和解程序较之于重整程序，法律对债权人和债务人和解的内容相对限制小一些，和解本质上属于当事人的合议范围，给予当事人充分的意思表达自由，只要不损害其他债权人、国家利益的和解内容，原则是都是应该予以认可的。同时相对于重整程序，和解程序有成本小、效率高的优势，尤其是对于债权人少、企业规模不大、债务负担可控的企业来讲是有很大的适用空间的。

（四）破产程序内的自行和解程序

我国新破产法第一百零五条[①]是破产程序内的自行和解程序的法律依据。该程序是体现破产程序解决的仍是私权问题的定位。破产程序是一种特别的执行程序，其本质也是一种解决债权债务纠纷的方式，而债权债务关系属私权，所以应

---

①我国破产法第一百零五条认可程序外债务人与债权人达成的协议内容。人民法院受理破产申请后，债务人与全体债权人就债权债务的处理自行达成协议的，可以请求人民法院裁定认可，并终结破产程序。

允许债权人和债务人自己选择解决债权债务纠纷的方式。与破产和解程序的区别在于，自行和解的协商是在庭外，但需要注意的是因已经启动破产程序，因此自行和解效力依然需要回归破产程序内由人民法院裁定认可。另外，从债权人的权益保护角度出发限制了一个条件，和解协议须全体债权人达成一致，该规定也直接体现了破产程序作为债权债务解决方式之一的功能，充分地给予私主体的意思自由。在自行和解程序适用情形下，和解协议的执行不再受到法院或管理人的监督，一旦和解协议裁定确认，则破产程序终结。

（五）破产重整执行程序和破产和解执行程序

如前文所述，在我国破产法语境下，破产重整程序和破产和解程序的术语使用是有限制的，仅是指重整期间或和解申请受理后到和解协议裁定认可（或和解失败）的特定程序阶段。我国的破产法对于各种子程序路径的结束的立法概念表述实际是存在差异的，有"终止"和"终结"之分，这两个术语虽然从文义解释上看都有"结束"而"终"的含义，但是在破产法语境下是有着本质区别的。对重整程序与和解程序的结束，使用的是"终止重整程序"与"终止和解程序"。"终止"是指"结束"与"中止"，具体而言在破产大程序进行中的某个节点，出现一些障碍导致重整或和解等在程序内的子程序的结束，也即拯救不得不中止，但破产大程序并未结束，债务人企业还在破产程序的"室内"，仍受破产程序的约束；而"终结"是指"结束"与"完结"，指的是破产大程序彻底结束，企业走出"大门"，债务人企业或相关人员都不再受破产程序的约束。

对我国新破产法第八十六条[①]、第九十九条[②]规定进行分析，重整计划或和解协议在提交人民法院裁定认可后，产生的直接效力是"重整程序终止"与"和解程序终止"。而且，重整计划或和解计划未能顺利通过，带来的效力也是"重整程序终止"与"和解程序终止"。可见，我国破产重整程序和和解程序的概念采用的是狭义概念，其指向的程序阶段仅仅是重整计划制定或和解协议表决通过之前，因此当重整计划或和解协议被人民法院裁定认可，则此时的破产程序节点

---

① 破产法第八十六条是对重整计划顺利通过，人民法院裁定批准生效后，破产重整程序终止的规定。自重整计划通过之日起十日内，债务人企业或者管理人应当向人民法院提出批准重整计划的申请。人民法院经审查认为符合本法规定的，应当自收到申请之日起三十日内裁定批准，终止重整程序，并予以公告。

② 破产法第九十九条是对破产和解程序终止的两种情况规定。一是和解协议草案经债权人会议表决未获得通过；二是债权人会议通过的和解协议未获得人民法院认可的。符合情况之一，即和解失败，人民法院应当裁定终止和解程序，并宣告债务人企业破产。

相应的进入"重整计划执行阶段"或"和解协议执行阶段"。如果重整计划或和解协议能够顺利执行完毕,不存在任何变故,当计划或和解执行完毕后,程序的目的实现,则标志着重整成功或和解成功;但是如果出现障碍,如或者重整计划、和解协议未能顺利制定通过,抑或债务人企业不执行或不能执行重整计划或和解协议,导致计划或协议无法落实,破产程序无法按照既定路线继续,重整或和解失败,则人民法院应对其进行破产宣告,债务人企业又转到破产清算程序继续彻底的清算清理。因此,重整计划或和解协议获得法院的批准或裁定认可,或者重整计划、和解协议未能顺利制定通过,只是标志着破产重整或破产和解子程序的结束,而整个破产大程序仍在继续,债务人企业仍在"大门内",所以我国的破产法使用"终止"的概念来表述,在破产程序的"大门内"关闭"某室",是破产重整程序或破产和解程序的完成。综上分析,我国新破产法在立法术语的表述上,采用的是狭义的重整与和解内涵,未把它们笼统地列入"破产大概念整体程序"的范畴之内。

因此,需要明确的是,依据我国破产法的规定,重整计划草案(和解协议草案)一旦获得人民法院的批准或裁定认可,重整程序(和解程序)终止,换个角度讲,就是重整程序(和解程序)结束,此后,破产程序的进程是进入相应重整计划执行阶段(和解协议执行阶段),即重整计划(和解协议)获得人民法院的批准或裁定认可后,只是意味着破产重整或破产和解子程序的结束,而整个破产大程序仍未结束。如果债务人将重整计划(和解协议)执行完毕,则意味着重整成功(和解成功);如果出现障碍,债务人不执行(主观)或不能执行(客观)重整计划(和解协议),则人民法院应对其进行破产宣告,直接后果就是破产程序又转到破产清算程序。

据此分析可得出结论,我国新破产法对重整程序(和解程序)的立法表述是采用狭义的理解,重整计划执行期间(和解协议执行期间)是不属于重整程序(和解程序)的。在该阶段债务人企业并未走出破产程序,仍受到破产程序的约束,笔者认为,此时债务人所处的程序阶段也应进行明确的界定,本书作者认为可以采用"破产重整执行程序"和"破产和解执行程序"的表述。但是需要指出的是,这两种程序在破产法中并非属于独立的子程序,而是依附于破产重整程序和和解程序的。而且这两种程序非当事人选择适用,而是重整程序或和解程序顺利适用的必经进程阶段。实践中,人民法院审理破产案件办结的标志是重整计划或和解协议批准,这其实是与破产法的规定不符。如果单纯是结案统计技术上的处理可以理解,但是从与法律的衔接上还是有待考量的。

二、破产程序具体路径及其转换

(一)进入破产大程序是破产清算程序情形下的破产程序路径

1. 破产清算申请 → 破产受理 → 破产宣告 → 破产程序终结

该条路径的程序逻辑较为清晰,申请主体向人民法院提出破产清算申请,人民法院进行审查受理,债务人企业进入破产清算程序。在其破产原因一直处于无法消除状态时,即"病症无法治愈",人民法院对该债务人企业进行破产宣告,对其全部财产进行清理和变价,按照法定规则进行清偿分配后破产程序终结,而债务人企业予以注销,即该程序中债务人企业的最终归宿为"死亡"。此路径下,破产程序的"大门"和破产清算程序的"小门"重叠。

2. 破产清算申请 → 破产受理 → 破产重整程序 → 破产重整执行程序 → 重整成功

本条路径的法律依据来源于新破产法第七十条第二款,涉及破产清算程序和破产重整程序的转换。具体而言是指债务人企业在进入破产清算程序后[①]符合法律规定的条件而转入破产重整程序。重整顺利进行,债务人企业重整成功,破产程序终结,企业实现了重生("治愈出院")。但是,该程序的转换就目前的法律规定分析是有条件限制的。限制条件有四:一是必须是启动破产程序"大门"的申请人是债权人,而非其他主体。主体限制否定了债务人及负有清算责任的人提起破产清算申请后,在破产程序中再提起破产重整申请的权利。二是必须启动破产程序是从破产清算程序入,给予债务人一个重生的机会。三是转换申请提出时限是未破产宣告前。因为破产程序是不可逆程序,一旦对债务人企业进行破产宣告,则该企业注定将被清算完毕而被注销,无重整的必要,也无重整成功的可能,因此该条路径的转换必须是在企业被"判处死刑"之前。四是程序转换申请主体是债务人或者出资人(注册资本占十分之一),该项规定是防止债权人的恶意申请导致企业被清算退出。如此设置是与现代破产法拯救理念保持一致的,尽量避免债务人企业破产清算,这也是当前世界上绝大多数国家之立法体例。

3. 破产清算申请 → 破产受理 → 破产重整程序 → 破产宣告 → 破产程序终结

本条路径属于重整失败后的处理路径。债务人企业进入破产清算程序后转入

[①] 参见全国人民代表大会常务委员会执法检查组关于检查《中华人民共和国企业破产法》实施情况的报告。

破产重整程序，但是在重整期间出现法定原因，重整失败，拯救目的落空，而使破产大程序又转回破产清算程序。本条路径上共发生两次转换：第一次转换是清算程序向重整程序的转换，同上条路径初始阶段；第二次转换是重整程序向清算程序的转换。新破产法第七十八条[①]、第七十九条第三款[②]、第八十八条[③]在转换条件上进行了明确的规定。对法条进行分析可以看出，重整程序向清算程序转换的法定原因有主观和客观两个方面。

客观原因：破产原因进一步加剧，缺乏挽救的可能性；重整计划草案未按期提出；债权人会议未通过重整计划草案；重整计划草案未得到人民法院批准。

主观原因：债务人有恶意损害债权人利益的行为；债务人的行为致使管理人无法执行职务。

正是由于导致重整出现障碍的原因是主观还是客观的差异，路径转换的适用上也有区别。涉及债务人企业自身原因引起的程序转换（主观），需要管理人或利害关系人的申请才能发生程序的转换，换个角度讲人民法院不能依职权转换；涉及重整计划草案的制定等引起的程序转换（客观），无须相关主体的主动申请，人民法院就可以直接依职权做出终止重整程序、宣告债务人破产的裁定，放弃救治行为，使程序转回清算程序，体现了法院的主动干预。

4. 破产清算申请 → 破产受理 → 破产重整程序 → 破产重整执行程序 → 破产宣告 → 破产程序终结

本条路径也属于重整失败情形，是债务人企业进入破产清算程序之后向破产重整程序转化，但是在重整计划执行程序中出现法定原因，又转回破产清算程序的情况[④]。在本路径之下，同样发生了两次转化：一是清算程序向重整程序的转化；二是重整执行程序向清算程序的转化。债务人不执行或不能执行重整计划的情形主要有以下几种：

[①] 破产法第七十八条规定了在重整期间转为清算程序的几种情形：（一）债务人的经营状况和财产状况继续恶化，缺乏挽救的可能性；（二）债务人有欺诈、恶意减少债务人财产或者其他显著不利于债权人的行为；（三）由于债务人的行为致使管理人无法执行职务。一旦出现法律规定的情形之一的，经管理人或者利害关系人请求，人民法院应当裁定终止重整程序，并宣告债务人破产。
[②] 破产法第七十九条第三款是债务人或者管理人未按期提出重整计划草案情形下的程序转换。
[③] 破产法第八十八条是重整计划草案未获得通过且未依照本法第八十七条的规定获得批准，或者已通过的重整计划未获得批准的情形下的程序转换。
[④] 债务人不能执行或者不执行重整计划的，人民法院经管理人或者利害关系人请求，应当裁定终止重整计划的执行，并宣告债务人破产。

（1）重整计划中的经营方案没有或无法按计划实施的，这样必然影响债务的清偿以及企业运营能力的恢复；

（2）没有按照重整计划中债权方案对债权人进行兑现，导致债权人的利益受损；

（3）重整计划中债务人应当进行的事项没有进行或者迟延进行的，属于债务人企业"违约"。

在这些情形下，重整计划无法落实，重整失败。但是由于这是对债权人、债务人达成的重整计划（协议）的履行违约，因此该程序转换需要有管理人或利害关系人的申请，人民法院才能做出转换裁定；反之，无适格主体申请，人民法院是无权主动依职权转入破产清算程序的。

5. 破产清算申请 → 破产受理 → 破产和解程序 → 破产和解执行程序 → 和解成功

本路径是和解成功路径。债务人企业进入破产清算程序后再转向破产和解程序，债权人会议通过和解协议且该协议得到人民法院的裁定认可后，和解协议顺利执行完毕，破产程序终结。我国破产法第九十五条[①]明确了这种转换方式。但该路径的转换也是有限制的，首先在申请时间节点上，必须是在人民法院受理破产清算申请后（进入破产程序后）、宣告破产前。同清算程序向重整程序转化的理由一样，不再赘述；其次是主体上，转换申请人只能是债务人。本路径属于破产程序内的和解启动路径。

6. 破产清算申请 → 破产受理 → 破产和解程序 → 破产宣告 → 破产程序终结

本路径是属于和解失败情形。债务人企业进入破产清算程序之后转向破产和解程序，但是出现法定原因而又回到破产清算程序。法定原因主要与和解协议有关：一是债权人会议表决未通过和解协议草案；二是虽然债权人会议通过和解协议，但该协议未获得人民法院认可。该路径是无须相关主体申请，由人民法院直接作出终止和解程序裁定，即发生程序的转换效果。

7. 破产清算申请 → 破产受理 → 破产和解程序 → 破产和解执行程序 → 破产宣告 → 破产程序终结

本路径同属和解失败路径。该路径下的失败节点在和解协议的执行阶段，在

---

① 债务人可以直接向人民法院申请和解，也可以在人民法院受理破产申请后、宣告债务人破产前向人民法院申请和解。

破产和解协议执行中出现法定原因而又转回到破产清算程序的情形。法定原因有以下几种。

（1）已裁定和解协议存在无效情形，具体是指和解协议的成立具有债务人的欺诈或其他违法因素。无效行为是自始、确定、当然的无效，虽然人民法院已裁定认可，但是在执行过程中发现有无效认定事实的，就应当予以纠正。该情形下人民法院依职权主动纠正。

（2）和解协议不能执行（客观）或不执行（主观）的。该情形导致无法按照和解协议履行，为保护债权人的利益应及时止损。该情形下的转换需要和解债权人的申请，人民法院不能依职权裁定。

（二）进入破产大程序是破产重整程序情形下的破产程序路径

1. 破产重整申请 → 破产受理 → 破产重整程序 → 破产重整执行程序 → 重整成功

本路径是开启破产程序的"大门"为破产重整程序，属于破产重整程序的直接启动。该路径的程序逻辑也很清晰，是破产重整程序启动后按照既定拯救目标顺利进行，重整计划草案得到债权人会议表决通过或者人民法院强制批准，计划执行完毕，程序目的得以实现，债权债务消灭并且企业得到存续，即重整成功。

2. 破产重整申请 → 破产受理 → 破产重整程序 → 破产宣告 → 破产程序终结

本路径属于重整失败情形，是启动破产重整程序，在重整期间出现法定原因，而导致破产大程序由重整向清算程序转换的情形。

3. 破产重整申请 → 破产受理 → 破产重整程序 → 破产重整执行程序 → 破产宣告 → 破产程序终结

本路径也属于重整失败情形，同上条路径的区别在于，该失败原因主要是重整计划的执行遇到了障碍，导致债权人的预期无法实现，同时企业也不具备继续拯救的条件，因此向清算程序转换的情形。

（三）进入破产大程序是破产和解程序情形下的破产程序路径

1. 破产和解申请 → 破产受理 → 破产和解程序 → 破产和解执行程序 → 和解成功

本路径是和解成功情形，债务人启动破产程序的路径选择是破产和解程序，即和解程序的直接启动，即破产程序的"大门"与破产和解程序"小门"重合。人民法院受理和解申请后，和解协议草案得到债权人会议的表决通过，且人民法院裁定许可，后债务人依据和解协议进行债务清偿的实际履行，履行完毕后破产大程序终结。该路径下，破产和解的目标得以实现，达到和解的程序目的。

2. 破产和解申请 → 破产受理 → 破产和解程序 → 破产宣告 → 破产程序终结

本路径属于和解失败情形。债务人企业在进入破产和解程序后，由于和解协议问题而使和解程序无法继续进行而导致和解失败，从而导致转向清算程序。

3. 破产和解申请 → 破产受理 → 破产和解程序 → 破产和解执行 → 破产宣告 → 破产程序终结

本路径也属于和解失败情形。该情形是破产和解协议的执行阶段出现法定原因，而发生破产程序向清算程序转换。该路径的适用前文已述，在此不再赘述。

（四）破产程序内的自行和解程序路径

依据我国破产法的程序设计，破产程序内的自行和解程序也是破产的具体路径之一，该路径在前文的程序设计部分已经分析其存在的法理基础。该路径较为特殊，属于债务人的自救路径。该路径的适用除和解协议的效力要求，须是全体债权人均达成合意，而不适用多数决，还需要注意：一是适用时间节点为破产程序开始后，破产宣告前。虽然破产法并没有明确该路径的申请时间，但是根据对该条款的文义解释、体系解释，是在"人民法院受理破产申请后"提起，即程序内。而该条在体系上是规定在第十章破产清算之前，因此提出终点应解释为破产宣告前。二是申请主体为债务人，其他主体无权申请和解。

该条虽然体现了私权领域的意思自治，有一定的法理基础和适用空间，但是该条的不足也是显而易见的，该条路径过于原则、开放，缺乏指导性。仅此一条的原则性规定，在具体适用中存在诸多不明确之处。无论进入何种程序都可自行和解？当重整计划被批准、和解协议被认可之后，在重整计划或和解协议的执行阶段可否达成自行和解？等等。时间节点的不明确，理论上只要未宣告破产，在此之前只要债务人和全体债权人达成了和解协议，就可向人民法院申请自行和解程序，从而终结破产程序。这使得破产程序的路径又出现了多种选择，也徒添了程序的不确定性。由于该程序中和解协议一旦裁定认定破产程序终结，因此和解协议的执行属于庭外执行。如果不执行如何处理？按照目前的破产法规定，该情形下是无法自动回归破产程序的，如符合破产程序启动原因，则需要重新申请启动一个新的程序。而且该情形下，和解协议的效力也值得研究。笔者建议将来的破产法修改时，应当给予破产程序内的自行和解制度以独立的法律地位，将其和其他三个程序联系起来,明确其转换的条件,从而使得该路径的转换有章可循。

(五)破产程序外和解程序

破产程序外自行和解制度,强调的是债务人企业突破破产程序的约束,在程序外与债权人达成协议而使得债权债务关系得以消灭。即在破产司法程序之外的困境企业解决自身问题的一种方式。虽然破产法未规定,但理论上这也是一种选择。但是就目前来看,无论是法律操作上还是实务操作上都有一定的障碍。

首先,从我国破产法的规定来看,虽然是否启动破产程序给予了相关申请主体充分的自由选择权,但是一旦进入破产程序,走出破产程序就受到约束,无法与一般的民事诉讼一样撤诉,破产程序是不可逆的。目前走出破产程序有清算完毕、重整成功、和解成功、自行和解协议法院认可、人民法院驳回破产申请等方式,不管哪种方式其退出必须由人民法院决定,不再考虑当事人的意思表示。因此,程序外的和解即使达成合意,不经过人民法院的认可,也难以使债务人企业走出破产程序。除非有一种可能,全体债权人放弃债权而打破破产原因,但这种情形的概率是极低的。

其次,在实务中如果债务人企业有能力实现自救,其不会选择启动破产程序,毕竟进入破产程序后对其声誉必然会造成不利影响。当然法律鼓励企业的自救,一方面是体现了私主体的意思自治,给予当事人更大的谈判空间,同时也节约了司法资源。但是需要解决的是如何实现当事人自治和破产程序的衔接,当前实务中的预重整制度无疑是解决该问题的方式之一。该制度在联合国《破产法立法指南》已经有相应的设计,为法庭外重组(自愿重组谈判),我国的破产法没有规定,但是最高人民法院的破产审判会议纪要里给出了指导性意见[①],究其本质,其实就是债务人企业在庭外和债权人达成债务清偿协议,然后再通过破产程序赋予其法律认可和效力。但是具体操作还需要立法的进一步完善和规范。

三、破产程序的具体路径转换的一些思考及司法实践

(一)破产和解与破产重整之间的转换

破产和解与破产重整同属于拯救程序,但是其具体的操作规范还是有区别的。这两个程序之间是否可转换,就目前我国的破产立法来讲是没有明确规定的,但也没有明确否定。这样的模糊立法导致司法实践中出现了很多适用问题。目前的

---

① 有些困境企业属于"有药可救"的,只要给予其一定的缓冲空间或资金扶持,其就可以脱离困境,实现重生。

观点既有反对转化的，也有赞成的。持反对意见的学者认为，破产和解与破产重整都是属于拯救程序，走和解还是重整路径债务人是有一定的选择权的，加上债务人企业对自身的资产及负债情况，对经营环境、管理现状等非常清楚，因此在程序选择上就应当有合理判断，如果允许自由转换，必然会增加程序成本，浪费司法资源，损害债权人利益。因此，基于立法政策的综合考量，和解程序与重整程序之间不允许进行转换[①]。

持赞同转换观点包括笔者的理由如下：

从启动原因上分析，破产重整程序和破产和解程序的原因具有同因性。依据破产法的规定，在具备破产原因的情况下，债务人可以自由决定程序路径，在清算、重整或者和解之间进行选择，换言之，这两个程序的启动前提和依据是一样的，因此即使转换也是符合启动条件的。

从程序目的分析，重整程序重在"救"，预防破产是该程序应有之义，而和解程序重在"防"，只要企业不被宣告破产，程序目的就实现。因而如果企业只是外部原因导致的债务清偿和来自财务上的压力，则可以选择和解程序。但是除外部压力外，还存在内部原因，单靠一时的缓解无法解决治愈问题，必须要通过重整进行"大换血""大整治"。也即重整不仅仅是治疗疼痛，更重要的是消除根因。企业进入破产程序后的内外部环境也是在不断地变化当中，可能因面临问题及矛盾的转变直接影响债务人对程序的选择决策，因此有必要给予其根据客观事实情况重新选择的机会。

从制度设计分析，重整程序的执行力度和限制较和解程序更为严格。第一，从人民法院的干预度来讲，重整赋予了人民法院主动性，对于一些具备重整价值和挽救可能性的企业可以强制裁定批准重整计划，而和解程序一旦和解协议未通过则立马转入清算程序。第二，重整程序中对担保权人、取回权人的限制较多，而和解程序中此限制较少。第三，和解的对象是无财产担保人，而重整面对的协议主体较复杂，谈判难度较大。正因为两个程序的设计不同，所以应准予债务人根据具体情况进行判断选择适用，程序内转换也应允许，使债务人企业能够运用破产程序的不同规则实现拯救目标。

基于以上的几个理由，破产重整程序和破产和解程序之间的相互转化是应当得到法律许可的，笔者也持赞同观点。允许转换能够使两个程序功能得以互补，

[①] 李永军. 破产法的程序结构和利益平衡机制[J]. 中国政法大学学报，2007（1）：18-23.

在程序成本、对债权人及债务人权益保护、预防破产宣告等方面更为灵活。而且这种程序符合国际标准，符合破产法的立法多元化的趋势，真正体现破产法私法为主属性，真正地彰显新破产法的价值和功能。司法实践中已经出现相关转换案例取得了值得肯定的转换效果。

（二）破产重整程序（重整计划执行程序）与破产清算程序之间的转换

依据我国新破产法的规定，在依债权人的申请启动破产清算程序后，在破产宣告前，债务人或出资人是有权申请清算程序转入重整程序的。之所以这样规定，一是基于清算属于"死亡程序"，而重整属于"拯救程序"，体现了破产法的拯救价值。二是防止债务人企业被债权人的清算申请而被动注销。转换后如重整失败，则仍需转入破产清算程序。

重整失败分为两个程序段：一是重整期间的失败，即从破产重整程序转为破产清算程序；二是执行阶段的失败，即从重整计划执行程序转为破产清算程序。这两个阶段的失败原因不同，转换主体也有所区别。对于经营恶化、重整计划无法落实等原因需要管理人或者利害关系人提出请求，人民法院才可转换。需要考虑的是，如果有主体申请，则该转换能够发生，但是若无人申请，任程序继续，很显然会造成程序拖延，财产减少，增加成本等不利后果。因此，笔者建议，我国破产法应当借鉴《日本公司更生法》、我国台湾公司法的规定，赋予人民法院依职权转换的权力，避免损失过大。"只要具备破产的原因以及债务人的适格，无须有当事人的申请，法院就应依据职权宣告债务人进入破产程序，这样立法简洁而高效，特别有利于对债权人利益的保护。若已经出现破产原因而不能直接由法院宣告进入破产，任由债务人企业的状况继续，可能会导致现有财产的进一步减少，债权人利益得以保护的财产基础丧失，因此，法院可以主动介入并依职权宣告债务人进入破产程序，进而实施必要的保全措施以维护当事人利益。当然，重整程序转化为清算程序时，原先所支出的费用应列为后来破产程序中的共益债权。"[1]

（三）债务人提出破产清算或者破产重整申请后能否再转入和解程序的问题

由于破产法并未明确禁止债务人提出破产清算或者破产重整申请后再转入和解程序，理论上是可以的，实践中也出现了转换的案例。但是笔者认为，与第一种情况同理，债务人对自身的资产状况、债务结构、经营前景等事项是十分清楚

---

[1]《日本公司更生法》第二十四条。

明了的，破产申请属于企业的重大事项，债务人提出破产申请需要债务人的权力机构进行决策的，因此需要结合企业的情况谨慎选择，一旦选择错误就应当承担决策不当的后果。如若放开债务人提出破产申请的转换，将不可避免地存在债务人通过破产程序"合理规避"，损害债权人权益的风险。因此，笔者认为应严格限制债务人提出破产清算或者重整申请后再转入和解程序。

（四）债权人提出破产清算或者破产重整申请后能否再转入和解程序的问题

债权人提出破产清算后，如若债务人欲通过和解程序避免破产清算是应当允许的。债权人提出破产申请的条件为"不能清偿到期债务"，而法院对其他破产原因也只是"形式审查"[①]。清算程序属于"死亡程序"，为避免将有存续希望的企业宣告破产，给予其一个自救的机会，或申请重整或申请和解。而且从当前破产立法来看，债权人提出破产清算申请后，相关主体可以申请转入破产重整程序，即给予有挽救价值和挽救希望的企业一个生的机会，和解成功企业存续，也有生的希望，因此，对于该种情形的转换目前无论是学界还是实践都持肯定态度。

债权人提出破产重整后债务人能否提出和解而从重整程序转化为和解程序呢？该种情形法律未明确规定，笔者认为该种情形无必要进行限制。首先，重整和和解的目标一致，都是避免企业被清算。其次，重整的成本高于和解，如果能够较小成本达到同一目标未尝不可。但是需要指出的是，在具体的个案中，是否允许转换其实是一个需要综合考量的问题，不仅仅是转与非转的选择。需要人民法院结合个案从有利于拯救企业、有利于保护债权人的权利、有助于破产程序的效率和效果角度进行判断。

为更有效地发挥破产程序的价值作用，我国破产法应当对破产程序的路径转换进行补充完善。但是要遵循一定的原则，总的原则是：允许清算、和解和重整三个破产子程序间的相互转换，为相关主体提供更多的选择机会。这样能更有效地发挥不同破产制度之间的功能互补作用，实现制度资源的最佳配置。具体的制度设计则应"引导当事人本能地将注意的视角定位在不同程度的选择与转换上，但无论如何，对于债权人、债务人利益保护的考虑应始终是路径转化设计的基本点。但是由于在重整过程中涉及的相关主体不同的利害关系人之间的利益是千差万别的，而且相互之间是'彼涨我消'之冲突。考虑重整过程中存在不同利害关

---

① 实践中，在法定受理期限内，人民法院是对债务人企业提交的异议材料、召开听证等方式进行审查，与企业的真实情况必然会有差异。因此名为实质审查，实为形式审查。

系人之间的利益差别,任由当事人在制度之间随意进行转换不仅无助于矛盾冲突的解决,还将造成制度资源的浪费。因此,也需要立法给予一定的法律限制并把握好司法审查和介入的领域与力度,由法院为重整制度目标的实现乃至整个破产法律制度的和谐运作来对当事人相关的权利义务做出正确调整。"① 总而言之,程序的转换机制需要从大局出发,从整个破产程序的架构出发。从长远看,严格限制随意转换,避免浪费司法资源,避免损害债权人利益。破产路径的选择直接影响着企业的后续"命运"。我国破产法在程序设计上"曲径通幽",申请主体需要根据程序效力结合自身申请目的进行考量选择。

第四节 "执转破"程序的设计及适用

"执转破"即执行程序向破产程序的转换。该程序立法来源于《最高人民法院关于适用〈中华人民共和国民事诉讼法〉的解释》。该程序主要是为了解决执行难问题,债务人企业作为被执行人,在处理其执行案件中,人民法院发现其具备破产原因,也即法院发现其已经具备运用破产法来解决债务问题的前提条件,人民法院在经申请执行人或者作为被执行人的债务人企业的同意后,就可以裁定中止执行程序,将案件移送到债务人企业的破产管辖法院。破产管辖法院对移送材料进行审查,在符合破产法规定的情况下,则对该债务人企业启动破产程序。后为进一步规范司法实践中的"执转破"行为,2017年1月20日,最高人民法院专门针对该程序的适用颁布了司法解释②,进一步规范和指导执行案件移送破产审查工作。该指导意见明确:"推进执行案件移送破产审查工作,有利于健全市场主体救治和退出机制,有利于完善司法工作机制,有利于化解执行积案,是人民法院贯彻中央供给侧结构性改革部署的重要举措,是当前和今后一段时间人民法院服务经济社会发展大局的重要任务。"

正是基于民诉法司法解释以及最高院的指导意见,"执转破"也成为我国破产案件的启动方式之一。破产程序的启动不再是囿于债权人或债务人企业相关主体的破产申请的主动行为,在符合法定事由的条件之下,可以由人民法院推动进

---

① 张世君. 破产重整与清算、和解程序相互转换的法律思考——以新《破产法》为中心的考察 [J]. http://d.g.wanfangdata.com.cn/Conference_6604942.aspx.
② 2017年1月20日最高人民法院印发《关于执行案件移送破产审查若干问题的指导意见》的通知(法发〔2017〕2号)从执行案件移送破产审查的工作原则、条件与管辖、程序、移送材料及接受义务、审查和受理、监督等方面对"执转破"案件的办理进行了指导。

入破产程序。执转破制度的建立，一定程度上让陷入严重债务危机的债务人企业进行彻底结算，同时也防止执行案件无法执行而终本成为僵尸案件，通过破产程序来解决是有利于债权人利益的，也能一揽子将所有涉及债务人企业的执行案件予以结案，也即一个破产程序解决了多个执行问题。

但是需要指出的是，由于我国破产案件的受理启动属于申请主义的立法例，破产程序只能以相关利害关系人的申请启动，而无论何种情况下人民法院都不得依照职权启动。因此，即使是在"执转破"程序中，依然要遵循申请主义的原则，人民法院要充分尊重当事人的意思自治，没有符合法定的申请主义的申请，也不能适用该程序。不过在申请主体意思自治的表达方式上有所区别。在执行程序移送破产程序审查时，是以征得相关主体（申请执行人即债权人或者被执行人债务人企业）的同意为移送前提的，而非人民法院自主决定的移送。换个角度讲，即当执行法院在执行过程中，发现被执行人符合破产适用条件，就对相关主体进行法律释明，告知其可以运用破产程序解决债务问题的方式，以及其有启动破产程序的申请权利，最终是否移送的决定权在于申请主体。

"执转破"程序的破产审查依然是要依据破产法的规定破产条件予以审查。首先，该程序是适用于被执行人为企业法人的情况下。我国破产法的适用主体限制为企业法人，其他主体是没有破产能力的。因此在被执行人为自然人或者其他民事主体的情况下是无法适用该制度的。其次，必须是具备破产原因的，这是实质审查条件。实践中执行程序中，执行法院就已经对此进行了摸底，因此才移送破产程序，但是还需要破产受理法院进行破产专业审查，以确定其是否符合受理标准。

第二章 破产受理审查及考量

第一节 破产程序路径启动机制的立法分析

破产程序的启动立法例，从世界各国的破产法综合来看，共存在两种模式：第一种是职权主义模式，早期破产法程序启动模式上大多采用职权主义。该模式下人民法院可以在了解债务人企业原因的情况下，依照职权启动破产程序，即对债务人企业是否启动破产程序，法院是具有主动权的，可以主动而为之[①]。在早期的破产理念里，破产是有罪的，因此司法机关可以主动宣告债务人破产。第二种是申请主义模式，在这种模式之下，启动破产程序必须有相关主体的申请，人民法院经过审查受理，才能够启动破产程序，换个角度讲，人民法院对债务人企业适用哪个破产程序及启动程序都是没有主动权的。

随着市场经济的深入，民商法理念的转变，人们普遍认为破产法解决的问题属于私权范围，国家和法律不应主动干预，应赋予当事人以自主权，体现民商法领域的意思自治原则，因此破产立法逐渐改为申请主义立法模式。但是后来立法者认识到，破产程序中不仅仅涉及私权关系，也直接影响全体社会经济生活，涉及国家利益、社会利益，如果不加限制，任其自由选择，也会带来不利影响，因而现在的很多国家将破产程序的启动立法例逐渐转变为"以申请主义为主，职权主义为辅"。

一、域外破产法中破产程序的启动机制

依据德国破产法的规定[②]，该国债务人企业在"支付不能"时，债权人和债务人作为申请人可向人民法院申请进入破产程序，且明确规定破产程序采用申请

[①] 程春华. 破产救济研究 [M]. 北京：法律出版社，2006.
[②] 德国支付不能法第十三条规定："破产程序仅依申请而宣告之。申请权人为债权人和债务人。"

主义，非申请不能启动①。不过德国支付不能法在申请审查时较为宽松，一般是形式审查，不作实质审查，赋予债务人企业充分的信任和自由。日本破产法也同样规定"破产程序须根据利害关系人的申请而发动，但是同时规定有例外情况也允许法院依职权启动"。②英国1986年无力偿债法（Insolvency Act）规定的破产程序的启动方式主要有两种：一是"债权人的自愿清理（Creditots' Voluntary Winding up）；二是强制清理（Compulsory Winding up）。所谓自愿清理是指公司股东们以决议决定的清理程序，而不是由债权人提出的，但该种清理一旦开始主要是由债权人而不是由法院控制。虽然公共公司和个人公司在决定自愿清理时所要履行的程序规则有所差别，但公司和债权人们都有权指定清理人。双方意见分歧时，除法院作出不同的裁定外，债权人的指定生效。强制清理，是指法院在公司不能清偿债务时，依据公司、董事或一个、几个债权人提出的破产申请做出的裁定进行的清理。此种清理较之债权人自愿清理，法院对程序的进行享有更加严密的控制权。对于进行中的自愿清理，法院得依申请改为强制清理。按照该法第一百二十二条之规定，被清算公司须是不能清偿到期债务，清算申请的提出要符合公平和正义的理念。"③由此可见，英国的无力偿债法规定的破产程序的启动原则上由当事人申请开始。但该法同时还规定公共申请人（Official Petitioner）有权对特殊种类破产案件，即破产人具有破产犯罪的情况下可提出破产申请。

美国破产法在破产程序的启动上特别强调对债务人企业的保护。第一，在模式上严格采用申请主义；第二，在启动主体上将债权人设置为多数人，即债权人申请破产必须是多人申请，也即破产程序必须解决多个债权人的问题，换个角度讲，如果只是存在一个债权人申请则不符合程序要求，程序无法启动，同时债务人企业如果只有单笔债务危机则不能通过破产程序解决问题，即多数债权人是破产程序申请及启动的前提条件；第三，在不同主体申请的审查限制上，债权人申请的除了多数人限制外，在债权额上也进行了限制。破产申请由3个或3个以上的实体提出，每个实体或者是债权持有人，或者是代表该持有人的契约受托人，其债务人或债务是确定的，或是"善意纠纷的主体，申请人的债权总额至少超过债务人为该债权人提供担保的抵押财产价值5000美元"。其立法本意是限制债

---

①张世君. 破产重整与清算、和解程序相互转换的法律思考——以新《破产法》为中心的考察 [J]. http://d.g.wanfangdata.com.cn/Conference_6604942.asp
②伊藤真. 破产法 [M]. 刘荣军等译. 北京：中国社会科学出版社，1995：185.
③ Roy Goods.The Principle of Corporate Insolvency Law[M]. London：Sweet & Mjxwell, 1997.

权人对债务人提起破产申请，对于被动的进入破产程序予以否定。但是对于债务人申请则采取了非常宽容的态度，只要债务人提起破产申请，法院就不再多限制，审查上也以较为宽容的态度受理。

从以上分析可知，各国的破产启动模式受立法理念和国家对经济体的态度影响并不完全一致，整体对比评价，英美法系国家在破产程序的启动上体现了对债务人的保护和充分信任，在债权人启动破产程序的条件和资格上设置了相应必要的限制，但是对债务人主动寻求破产保护时采取的是积极的接纳态度，申请规定得较为宽泛，这样一方面是为了防范和避免债权人对破产程序的滥用，另一方面也有利于债务人企业利用破产保护程序来求得企业的"重生和复苏"，其"重生"的结果既保证了债权人集体的共同利益，也利于公共利益的维护。"法国法中债务企业申请破产的义务，对防止债务人过怠破产，侵害债权人合法利益也不失为一种立法尝试"。这些立法模式从不同的侧面反映了现代破产立法多元目标保护功能的指导理念，为我国破产法律启动机制的改革与完善提供了有益的参考和借鉴。

二、我国破产法规定的破产程序启动机制

（一）旧破产法破产程序启动机制

我国在市场经济体制改革后经过多年的摸索和斟酌，于1986年颁布了《中华人民共和国企业破产法（试行）》，该法较为简陋，只有43条，但是却具有重大的立法意义。在该法的第七条、第八条对破产程序的启动进行了规定[①]，赋予了债权人、债务人破产申请权，也非常清晰地体现了破产程序申请启动的立法态度。后民事诉讼法增加的"企业法人破产还债程序"同样采用申请主义。虽然都采用申请主义的立法例，但是具体规则设计上还是有差异的，主要是因企业法人性质的不同，对申请的限制不同。全民所有制企业法人即国有企业的债务人申请，有一个限制条件，即必须事先征得其上级行政主管部门同意，这是人民法院受理的前提。而对于非全民所有制企业法人即非国有企业的申请未加任何限制。

旧破产法采用申请主义的态度是很明朗的。最高人民法院关于贯彻执行《中华人民共和国企业破产法（试行）》若干问题的意见[②]第十五条明文指出人民法

[①]《中华人民共和国企业破产法（试行）》第七条第一款：债务人不能清偿到期债务，债权人可以申请宣告债务人破产。第八条：债务人经其上级主管部门同意后，可以申请宣告破产。
[②]最高人民法院关于贯彻执行《中华人民共和国企业破产法（试行）》若干问题的意见规定在民事诉讼程序或民事执行程序进行中，人民法院获悉债务人不能清偿到期债务时，应当告知债务人可以向其所在地人民法院申请破产。申请破产的，债务人所在地的人民法院应当依法宣告债务人破产。不申请破产的，不依职权宣告债务人破产。原诉讼程序或执行程序可继续进行。

院在申请民事案件中，如果发现债务人企业具备破产原因的，只有释明权，告知当事人申请破产的权利，具体是否选择破产程序还是由申请权人自己决定，明确指出人民法院在申请人不申请破产的情况下，"不依职权宣告债务人破产"。综上分析可知，我国旧破产法在启动模式上采用的是申请主义，但是受当时的政治、经济、法律和文化背景的影响，在某种程度上还带有一定的行政色彩，直接影响破产法的司法适用。

（二）新破产法的破产程序启动机制

我国新破产法在破产程序的启动上较之于旧破产法而言，结合当前市场经济发展的具体国情，同时借鉴了国外的破产先进立法，在启动机制上有了进一步的修改与完善。新破产法依然秉承申请主义的启动模式，无破产申请即无破产受理，人民法院任何情况下都不得自行启动破产程序，不得将某个债务人企业拉入破产程序中。

按我国新破产法的程序设计，尽可能地完全去除旧破产法中的行政干预，只要符合破产原因，不管是何种程序，都无任何前置性要求或条件，具有申请权的主体均可以直接向人民法院提出相应破产申请。法院在受理破产申请之后，最终启动哪一种程序是根据破产申请而定的，具体来说须根据申请人的申请路径选择启动相应程序。

第二节 破产受理的审查内容

破产程序非申请不得启动，人民法院在接到破产申请时也非当然受理，需要从形式到内容进行审查。司法实践中，法院在审查当事人提出的破产申请是否符合法律规定时，掌握的尺度不尽相同，为规范和统一人民法院对破产申请的审查行为，最高人民法院出台了《关于适用〈中华人民共和国企业破产法〉若干问题的规定（一）》，对人民法院收到破产申请后的审查内容予以明确规定，但是司法实务中依然会存在一些审查难点。笔者结合法律规定以及实务对人民法院的审查内容进行明晰，以提供直接的指导参考。

一、形式审查

形式审查是旨在判定破产申请是否具备法律规定的形式要件。其内容主要包括以下几个方面。

（一）被申请人是否具有破产能力

破产能力是指有破产原因的债务人具有的能够依破产程序进行债务清偿的法律资格。这是人民法院受理破产案件首先需要解决的问题。各国破产立法均承认企业法人具有破产能力，但对特殊行业或公用企业的破产能力往往予以限制或排除。依据我国破产法的规定，在我国具有破产能力的是企业法人[①]，既包括国有企业法人又包括非国有企业法人。同时也规定了一些特殊适用[②]，其他法律规定企业法人以外的组织[③]的清算，属于破产清算的，适用本法规定的程序。

目前我国对于自然人破产处于摸索试点阶段，当前一些省份或地方对于个人破产进行了尝试和实践[④]。深圳市、温州市、台州市等地已经走在了前列，出台了一系列的个人债务清理条例或办法，并且已经成功办结了个人债务清理案件[⑤]。就目前的立法趋势来判断，个人破产法也有望近年出台。

（二）破产申请人是否适格

依据我国破产法的规定，破产申请的情况共有两种启动状态，分为十种情形，不同的情形申请人的要求是不一样的。

第一种状态为直接启动破产程序申请：

（1）债务人提出破产清算；

（2）债权人提出破产清算；

（3）负有清算责任的主体提出清算；

（4）债务人提出破产重整；

（5）债权人提出破产重整；

（6）债务人提出破产和解申请。

[①] 我国破产法规定企业法人不能清偿到期债务，并且资产不足以清偿全部债务或者明显缺乏清偿能力的，依照本法规定清理债务。企业法人有前款规定情形，或者有明显丧失清偿能力可能的，可以依照本法规定进行重整。
[②] 其他法律规定企业法人以外的组织的清算，属于破产清算的，依据我国破产法的规定可以参照适用本法规定的程序。
[③] 主要是指合伙企业、民办学校、农民专业合作社、个人独资企业等组织。
[④] 2019年6月，国家发展改革委、最高人民法院等十三部门联合下发《加快完善市场主体退出制度改革方案》中指出"在进一步完善企业破产制度的基础上，研究建立非营利法人、非法人组织、个体工商户、自然人等市场主体的破产制度，扩大破产制度覆盖面，畅通存在债权债务关系的市场主体退出渠道"。
[⑤] 最高人民法院向全国人民代表大会常务委员会报告推动建立"个人破产制度"后首例具有个人破产实质功能和相当程序的个人债务案件是由浙江温州市平阳县法院承办的蔡某个人债务清理案。

另外直接启动申请主体有一种法定的特殊情况①，金融机构具备破产原因的，国务院金融监督管理机构可以向人民法院提出对该金融机构进行重整或者破产清算的申请。

第二种为程序内的程序转换申请：

（7）债权人提出破产清算进入程序后债务人申请转入破产重整；

（8）债权人提出破产清算进入程序后出资额占 1/10 以上的出资人申请转入破产重整；

（9）程序内债务人提出破产和解申请；

（10）程序内债务人提出自行和解确认的。

除此之外，还需要对债权人的债权的财产性、合法性、有效性进行审查。首先是财产性，即债权表现为具有金钱或财产给付内容的债权。破产程序不解决非金钱债务。其次是合法性，即属于法律认可的债权，非法债务不受法律保护，自然破产程序也不予处理。最后是有效性，属于可强制执行的债权，债权未超过诉讼时效或者申请执行时效。至于债权人的性质，破产程序未明确规定，理论上所有债权人不论是职工债权还是税款债权抑或商业交易债权，不论是否设定有担保，都享有破产申请权。

（三）受案法院是否有管辖权

破产管辖也是人民法院进行破产受理审查的一个内容。破产法第三条规定了破产案件地域管辖的基本原则，即"由债务人住所地人民法院管辖"。对"债务人住所地"的概念，《最高人民法院关于适用〈中华人民共和国民事诉讼法〉的解释》（以下简称《民诉法司法解释》）第三条规定："公民的住所地是指公民的户籍所在地，法人或者其他组织的住所地是指法人或者其他组织的主要办事机构所在地。法人或者其他组织的主要办事机构所在地不能确定的，法人或者其他组织的注册地或者登记地为住所地。"但因一些企业的主要办事机构所在地和登记地存在不一致的现象，经常发生管辖权争议。

此外，《公司登记管理条例》第十二条规定："公司的住所是公司主要办事机构所在地。经公司登记机关登记的公司的住所只能有一个。公司的住所应当在

---

① 商业银行、证券公司、保险公司等金融机构符合破产原因的，国务院金融监督管理机构可以向人民法院提出对该金融机构进行重整或者破产清算的申请。国务院金融监督管理机构依法对出现重大经营风险的金融机构采取接管、托管等措施的，可以向人民法院申请中止以该金融机构为被告或者被执行人的民事诉讼程序或者执行程序。金融机构实施破产的，国务院可以依据本法和其他有关法律的规定制定实施办法。

其公司登记机关辖区内。"据此，企业应当对主要办事机构所在地依法进行登记，并直接登记为住所地，而且住所地应当在其公司登记机关辖区内，不应再存在企业主要办事机构所在地与登记地不一致的情况。之后，民法典第六十三条规定："法人以其主要办事机构所在地为住所。依法需要办理法人登记的，应当将主要办事机构所在地登记为住所。"在民法典施行后，可以直接依企业登记地确认管辖法院。

但是，因为一些主要办事机构所在地和登记地不一致的企业没有及时履行将其主要办事机构所在地登记或变更登记为住所地的义务，所以《民诉法司法解释》第三条的规定对管辖权的确定仍具有重要的实践意义。

根据上述法律规定，破产案件的地域管辖属于专属管辖，法律对地域管辖的规定具有唯一性、强制性和排他性。当前我国的破产法第三条明确规定了地域管辖，债务人企业住所地人民法院具有破产管辖权，该项的审查较为清晰明确，不存在歧义。而破产案件的级别管辖由于破产法没有明确规定，实践中容易引发管辖争议。目前关于破产案件的级别管辖主要还是适用最高人民法院《关于审理企业破产案件若干问题的规定》[①]第二条和第三条的内容进行确定。目前，各地纷纷成立了破产法庭，则该区域的破产案件全部归属于破产法庭进行管辖。

（四）破产申请文件是否符合法律规定

依据破产法的规定，破产申请应当提交破产申请书及有关证据，并对申请书的内容进行指导，同时对提交的相关证据进行提示。人民法院在立案后从形式上要对申请书内容是否完整、相关证据是否齐备、法定文件是否齐全等事项进行审查。相关材料有瑕疵，能够补正的可以责令其申请补正[②]。具体的材料类型根据

[①] 最高人民法院《关于审理企业破产案件若干问题的规定》第二条：基层人民法院一般管辖县、县级市或者区的工商行政管理机关核准登记企业的破产案件；中级人民法院一般管辖地区、地级市（含本级）以上的工商行政管理机关核准登记企业的破产案件；纳入国家计划调整的企业破产案件，由中级人民法院管辖。第三条：上级人民法院审理下级人民法院管辖的企业破产案件，或者将本院管辖的企业破产案件移交下级人民法院审理，以及下级人民法院需要将自己管辖的企业破产案件交由上级人民法院审理的，依照民事诉讼法第三十九条的规定办理；省、自治区、直辖市范围内因特殊情况需对个别企业破产案件的地域管辖作调整的，须经共同上级人民法院批准。

[②] 最高人民法院关于破产案件立案受理有关问题的通知（2016）中指出："立案部门经审查认为申请人提交的材料符合法律规定的，应按2016年8月1日起实施的《强制清算与破产案件类型及代字标准》，以破申作为案件类型代字编制案号，当场登记立案，不符合法律规定的，应予释明，并以书面形式一次性告知应当补充、补正的材料，补充、补正期间不计入审查期限，申请人按要求补充、补正的，应当登记立案。"

不同的程序申请提交即可，目前很多法院或管理人协会等机构针对破产申请编订了一些指导性的规程可以参考。

二、实质审查

实质审查是旨在判定破产申请是否具有法律规定的破产申请实质条件，即债务人是否存在破产原因。破产原因的存在是一个事实问题。对这种事实的确定通常需要一个调查和证明的过程，而这个过程只能在破产程序开始以后才能进行。所以，在破产案件受理阶段的实质审查是一种表面事实的审查，即依据申请人提交的材料，对债务人是否具有破产法第二条或者（在债权人申请的情况下）第七条第二款规定的事由。破产原因的审查属于人民法院破产审查中的重点和难点。

我国破产法规定的破产原因根据破产程序的不同有三：一是不能清偿到期债务，并且资产不足以清偿全部债务的，可重整、和解、清算；二是不能清偿到期债务，明显缺乏清偿能力的，可重整、和解、清算；三是不能清偿到期债务，有明显丧失清偿能力可能的，可重整。

人民法院在破产受理审查时需要根据不同的申请原因查明事实。

（一）不能清偿到期债务的审查认定

最高人民法院《关于适用〈中华人民共和国企业破产法〉若干问题的规定（一）》第二条对此事项的认定进行了规定，"债权债务关系依法成立、债务履行期限已经届满、债务人未完全清偿债务"三项情形同时存在的，人民法院应当认定债务人具有不能清偿到期债务的事实。

在审查中需要注意的是在债权人提出的破产申请中，债权人向人民法院提交的证据依法只需要证明"不能清偿到期债务"即可，债权人无法获知也无法证明债务人企业的资产状况。但是人民法院还需要进一步查清未清偿原因，如由于债务人行使抗辩权或者因主观原因的不愿履行支付义务，则是不符合破产条件的。甚至是实践中有债权人因商业竞争而对债务人企业进行破产申请，诋毁债务人的商业信誉，意图达到不正当竞争的目的。为防止这类不道德的情况发生，人民法院在审查受理债权人的申请时，必须严格把握破产案件受理条件。

《北京市高级人民法院企业破产案件审理规程》中的规定可以借鉴参考，该规则第十九条[①]规定与最高院的司法解释保持一致，在第三十六条规定了债务人

---

① 《北京市高级人民法院企业破产案件审理规程》第十九条："不能清偿到期债务"是指同时满足下列条件：（1）债权债务关系依法成立；（2）债务履行期限已经届满；（3）债务人未完全清偿债务。

异议情况下的认定[1]。"债权人提出破产申请的,债务人可以对该申请人债权的真实性、数额等提出异议,异议成立的,不予受理;同时考虑如果债权人申请的债权已被生效裁判文书、仲裁裁决书等可强制执行的法律文书的确认且在申请执行时效内的,人民法院应认定债务人的该项异议不成立。"

(二) 资产不足以清偿全部债务的审查认定

"资产不足以清偿全部债务"是指债务人偿债的责任财产不足以支付全部负债,即"资不抵债"或者"债务超过"。该事实的认定主要是衡量债务人企业资产和负债比,换个角度讲,就是对债务人的清偿能力的判断。破产程序中的该事实的判断,是从债务人对全部的资产和债务的衡量,资产端不仅包括现有的资产,还包括待收债权、企业信用、无形资产等。负债端既包括到期的也包括未到期的,既包括有担保的也包括无担保的,既包括主债务的也包括连带债务等全部的债务。依据《破产法解释(一)》第三条[2]规定,审判实践中,人民法院通常可以通过债务人的资产负债表、审计报告、资产评估报告、债权债务清册等证据材料作为判断债务人资产总额是否资不抵债的依据。如果显示其全部资产不足以偿付全部负债的,应当认定符合该条件。当然,资产不足以清偿全部债务是对债务人客观偿债能力的判断,理论上应以债务人的真实财产数额为基础,但是实际上在破产申请审查时肯定会存在不符情况,如果利害关系人认为债务人的资产负债表,或者审计报告、资产评估报告等记载的资产状况与实际状况不符,应当允许当事人提交相应证据予以证明,推翻资产负债表、审计报告或者资产评估报告的结论。

(三) 明显丧失清偿能力的审查认定

最高人民法院《破产法若干问题的规定(一)》第四条对该项认定进行了指

---

[1]《北京市高级人民法院企业破产案件审理规程》第三十六条:债务人对法院管辖权提出异议,人民法院经审查异议成立的,裁定不予受理破产申请。债务人对申请人的主体资格或自身的破产能力提出异议,人民法院经审查异议成立的,裁定不予受理破产申请。债权人提出破产申请,债务人对申请人债权的真实性及数额提出异议,但债权人申请所依据的债权已得到生效裁判文书、仲裁裁决书等可强制执行的法律文书的确认且在申请执行时效内的,人民法院应认定债务人的该项异议不成立;如果申请人的债权未得到生效的可强制执行的法律文书的确认,且债务人的异议具有合理理由,人民法院应裁定不予受理破产申请,并告知债权人向有管辖权的人民法院提起民事诉讼。债权人提出破产申请,债务人对申请人债权的真实性及数额无异议,但对不能清偿到期债务的事实提出异议的,债务人应实际清偿债务,或者与申请人达成债务清偿协议。否则,人民法院应认定债务人的该项异议不成立。
[2] 最高人民法院《关于适用〈中华人民共和国企业破产法〉若干问题的规定(一)》指出债务人的资产负债表,或者审计报告、资产评估报告等显示其全部资产不足以偿付全部负债的,人民法院应当认定债务人资产不足以清偿全部债务,但有相反证据足以证明债务人资产能够偿付全部负债的除外。

导性规定，如果债务人资不抵债，则可以直接以"资产不足以清偿全部债务"为由进行申请。实践中存在账面资产虽大于负债的，但其并不具有清偿能力，主要会存在以下几种可能情况：

（1）因资金严重不足或者财产不能变现等原因，无法清偿债务。虽有资产，但是债权人的债权并不能得到现实的满足。

（2）法定代表人下落不明且无其他人员负责管理财产，无法清偿债务。此情形下，债权人企业财产处于无人管理状态，债权人的债权受到现实的威胁，不管企业真实情况是否资不抵债，也需要通过司法程序对企业的债权债务关系进行确认。

（3）经人民法院强制执行，无法清偿债务。该情形直接体现债务人企业的偿债能力出现严重问题。

（4）长期亏损且经营扭亏困难，无法清偿债务，企业已经采取了自救措施，但是困境局面未能改观，因此需要司法救助。

（5）导致债务人丧失清偿能力的其他情形，这个属于兜底条款。

人民法院在进行破产申请的审查中，涉及形式审查的，允许当事人进行补正，但是涉及实质审查的，如果不具备破产原因就应当作出不予受理裁定。需要指出的是为及时启动破产程序，保全债务人财产和保护债权人的合法权益，及时拯救困境企业，受理破产案件的实质审查实行表面事实审查制，因此不排除案件受理时的表面事实与真实情况不符，或者案件受理后因情况变化而致原有破产原因消除的可能性。一旦出现这个情况，人民法院就可以适用破产法第十二条第二款[①]的规定，驳回破产申请并终结破产案件。

第三节 破产受理审查方式

人民法院在接到破产申请后，从形式到内容均需依法进行审查，根据审查结果决定是否裁定受理。破产审查是确保诚信但陷入不幸企业顺利寻求破产保护的第一步，也是防止"假破产"[②]的第一道关口。人民法院对破产申请的原则必须

[①]人民法院受理破产申请后至破产宣告前，经审查发现债务人不符合破产法第二条规定情形的，可以裁定驳回申请。申请人对裁定不服的，可以自裁定送达之日起十日内向上一级人民法院提起上诉。

[②]假破产是指不具备破产原因的企业预借破产程序逃避债务或者达到其他非法目的，主要会存在两种情形：一是不具备破产原因的债务人通过破产逃债；二是债权人欲通过申请破产而对不具备破产原因的企业造成不利影响。

秉承依法依实原则。在司法实务中，各地法院具体的审查方式是不一样的，笔者综合多地法院的做法进行梳理、归纳，主要采取的审查方式有以下几种。

一、证据材料审查

对申请主体提交的相关证据材料进行形式审查，以及对所反映的内容证明的事实进行分析、论证、认定，该项审查方式属于被动型审查，属于最基本的审查方式。破产法对需要提交的相关证据及材料也进行了立法提示[①]。目前有些省市的人民法院也出了一些指导性的文件，对破产申请的证据材料进行规范。具体而言，人民法院就这些材料先从形式上审查是否是书面形式、是否齐备、是否符合格式要求，再从材料的具体内容审查看是否能够达到证明目的。

当前司法实践中，对证据材料的审查难点体现在两个方面：一是申请人提交的材料及证据不充分。申请主体要么是对法律规则不了解，要么是出于隐瞒真实情况的考虑，实践中破产申请主体提交的证据材料不齐备或者不充分，未能达到证明标准是一个普遍现象。需要通过法院的不断释明、提示，申请人的不断补正才能达到受理形式上的材料要求。二是申请主体提交的材料及证据不真实。人民法庭审查的理想状态是当事人提供的材料、证据能够还原或展现事实的客观真相，但是企业运营的不规范，或其对一些不利证据选择性不予提交，直接导致很多事实依据提交的证据无法做出确认认定。这将导致两个结果，要么因证据不足不予受理，要么依据现有证据受理，进入程序后发现错误而驳回申请。

笔者根据破产实务实践，对破产申请涉及的相关证据材料进行梳理主要有以下几方面。

（一）破产申请书

破产申请书是材料必备项，而且必须是书面形式，同时也是要式行为，有特定的格式和特定的内容。申请书必须载明申请人及被申请人的基本信息、申请目的（申请哪个程序）、申请的事实和理由。基本信息要准确，申请目的要明确，申请事实要清晰，申请理由要合理充分。"如果是金融机构申请破产的，申请书还需要载明主管机关的审批文件、个人债务的兑付情况、证券类资产的处置情况等；同时，如果是申请上市公司重整的，还需要提交上市公司住所地省级人民政

[①]《中华人民共和国企业破产法》第八条明确规定向人民法院提出破产申请时，应当提交破产申请书和有关证据，并对破产申请书的载明事项进行提示。在债务人提出申请时，还应当向人民法院提交财产状况说明、债务清册、债权清册、有关财务会计报告、职工安置预案以及职工工资的支付和社会保险费用的缴纳情况。第九十五条规定，债务人申请和解，应当提出和解协议草案。

府向证券监督管理部门的通报情况以及证券监督管理部门的意见、上市公司住所地人民政府出具的维稳预案等材料。"[1]

（二）相关证据

民事案件中，谁主张谁举证是基本规则，破产案件也不例外。因此申请人需要对自己的主张进行举证，在破产案件中主要是围绕破产能力、破产管辖、破产原因进行举证；同时，不同申请主体的举证范围是不一样的。

1. 债务人作为申请主体的证据材料

证据材料主要有以下几种。

（1）破产能力的证明材料。债务人的主体资格证明，包括但不限于企业法人营业执照副本、法定代表人或负责人身份证明及其他最新工商登记材料。

（2）破产原因的证明材料。债务人的资产负债表、资产评估报告或审计报告；债务人的职工名单、工资清册、社保清单、职工安置预案（形式上的要求）以及职工工资的支付和社会保险费用的缴纳情况；债务人至破产申请日的资产状况明细表，包括有形资产、无形资产及对外投资情况等；债务人的债权、债务及担保情况表，列明债务人的债权人及债务人的名称、住所、债权或债务数额、发生时间、催收及担保情况等；债务人所涉诉讼、仲裁、执行情况及相关法律文书。

（3）其他证明材料。申请重整的，需要提交债务人具有重整价值的分析报告及证据材料，债务人重整的可行性分析报告或重整方案；申请和解的，债务人依法在申请时一并提交和解协议草案；国有独资企业、国有独资公司申请破产的，还应当提交对债务人履行出资人职责的机构同意申请破产的文件等。

2. 债权人作为申请主体的证据材料

证据材料主要有以下几种。

（1）申请资格及破产能力证明材料。申请人及被申请人的主体资格证明，包括营业执照副本或居民身份证及其他身份证明、最新工商登记材料等；债权人在申请的时候往往无法准确地获得关于债务人的主体资格证明材料，鉴于此，可以提交在工商行政监督管理局核准登记的内档材料以及在企业信用信息公示系统可以公开查询的债务人的基本工商资料等材料进行证明。

（2）债务人不能清偿申请人到期债务的证据。债权人申请只需提交"债务人不能清偿其到期债权"证据即可，而后一项的事实认可可根据债务人企业提出

---

[1] 吴在存. 破产审判的专业化与规范化：北京破产法庭的探索与实践[M]. 北京：法律出版社，2019.

的异议材料进行判定。

（3）如果申请重整的，债权人还需围绕债务人是否具有重整价值和可行性提交相关分析报告和证据。

3. 清算责任人作为申请主体的证据材料

证据材料主要有以下几种。

（1）申请资格及破产能力证明材料。清算责任人的基本情况或者清算组成立的文件。

（2）债务人解散的证明材料。债务人的主体资格证明，包括企业法人营业执照副本、法定代表人或负责人身份证明及其他最新工商登记材料。

（3）债权债务清册、职工安置预案等材料。因清算责任人提出破产清算之目的在于对债务人企业通过破产清算程序进行清算退出，其目的较为明确，因此所有的证据材料围绕破产原因提供即可[1]。

二、听证调查

材料证据的审查属于书面审查，而且属于被动的审查，为进一步查明债务人企业的真实财产及负债状况，在司法实务中，很多法院对于申请重整的、债权债务关系复杂、债务规模较大的、在全国、全市及债务人所在区县范围内有重大影响企业提出的破产申请等[2]，都采取了听证调查方式，主动地对债务人企业的涉案相关情况进行调查。真正了解债务人企业适用破产程序的必要性，及其形成困境的原因，债权人对债务人企业破产程序所持的态度等；同时，听证程序也给予了债务人企业和债权人一个沟通的平台，对于破产程序的顺利进行是有推动作用的，也保障了相关利害关系人的破产程序参与权及异议权[3]。听证为非法定必经

---

[1] 可参考重庆破产法庭破产申请审查指引（试行）（2020年4月2日经重庆市第五中级人民法院审判委员会讨论通过）第十二条，清算责任人申请债务人破产清算时应当提交以下材料：（一）破产申请书，载明申请人和被申请人的基本信息、申请目的、申请的事实和理由；（二）债务人的主体资格证明，包括企业法人营业执照副本、法定代表人或负责人身份证明及其他最新工商登记材料；（三）清算责任人的基本情况或者清算组成立的文件；（四）债务人解散的证明材料；（五）债务人资产不足以清偿全部债务的财务报告或者清算报告；（六）债务人的职工名单、工资清册、社保清单、职工安置预案以及职工工资的支付和社会保险费用的缴纳情况；（七）债务人截止破产申请日的资产状况明细表，包括有形资产、无形资产及对外投资情况等；（八）债务人的债权、债务及担保情况表，列明债务人的债权人及债务人的名称、住所、债权或债务数额、发生时间、催收及担保情况等；（九）债务人所涉诉讼、仲裁、执行情况及相关法律文书；（十）人民法院认为应当提交的其他材料。

[2] 重庆破产法庭破产申请审查指引（试行）（2020年4月2日经重庆市第五中级人民法院审判委员会讨论通过）就明确指导本区域的破产法庭在破产申请审查时以听证审查为主，书面审查为辅。并对应当要进行听证调查的案件进行了明确指导。

[3] 王富博. 破产立案制度的反思与重构[J]. 人民司法，2017（19）：9.

程序，是查明企业情况的一种手段，因此是否召开听证会，参与人范围等都由受理法院决定。一般情况下的参与人除申请人及被申请人外，主要涉及破产债务人企业的股东、实际控制人、法定代表人、高级管理人员、财务管理人员、职工代表、担保权人、金融债权人、债权额大的债权人、主管机关等具有一定的利害关系的人员参加。听证调查的内容也是法院围绕案件待查事实予以确定的，主要会涉及申请人是否具有申请资格，债务人企业的破产能力、破产原因[①]等审查事项进行调查。

考虑听证调查的成本较高，而且会延长受理时限，因此如果是债务人提起破产清算的案件，或者法定代表人下落不明的破产申请案件，以及执转破案件或者债权债务关系较简单的，是没必要运用听证的方式进行审查的。

三、其他方式

破产程序一旦启动，涉及面广，影响群体多，因此必须谨慎审查。为防止误裁，一些法院积极发挥主观能动性，对债务人企业是否能够适用破产程序解决债权债务问题进行调查，如与债权人的访谈，与当地政府进行沟通了解情况。一方面能够更好地了解企业的真实情况，认定破产事实；另一方面也能摸清债权人、政府对债务人企业进入破产程序的态度，以作为判断破产程序的难度，做到心中有数。

第四节　当前破产受理审查的难点

2021年8月，全国人民代表大会常务委员会执法检查组关于检查《中华人民共和国企业破产法》实施情况的报告中指出"企业破产法在取得积极成效的同时，实施中也存在破产意愿不强、破产程序执行薄弱、审理周期较长、府院协调不落地、配套制度不健全、财产清偿率较低、制度运行成本偏高等困难和问题，现实中'该破未破'的现象还比较普遍，对破产方式的运用还不够主动，破产制

[①] 可参考重庆破产法庭破产申请审查指引（试行）（2020年4月2日经重庆市第五中级人民法院审判委员会讨论通过）第十九条，听证会上人民法院应当对下列事项进行询问调查：（一）申请人是否具有申请资格，申请人为债权人的，应注意核实债权的真实性、金额，是否有生效法律文书、是否进入执行等情况；（二）债务人是否具备破产主体资格；（三）债务人是否具备破产原因（重整原因）；（四）申请材料是否真实完整；（五）债务人股东是否按时足额缴纳出资；（六）债务人是否存在转移资产、个别清偿等行为；（七）债务人以及债务人的控股股东、实际控制人、法定代表人及高级管理人员等是否涉嫌刑事犯罪；（八）债务人涉诉、涉执情况；（九）债务人的财产、印章和账簿、文书等资料的存放地点及保管人员；（十）债务人有关人员的联系方式（电话、住址）；（十一）人民法院认为需要了解的其他事项。审查重整申请的，还应当审查债务人是否具备重整价值和重整可能。

度的作用还未充分发挥"。可以看出,当前破产受理审查的难点在于以下几个方面。

一、申请难

依据我国破产法之规定,必须有适格主体的申请才能启动破产程序。虽然近年来破产案件的受理量大幅度增长,但是依然未达到救治病企、规范企业退出的目标状态[①]。就目前的司法实践来看,很多申请主体对启动破产程序是缺乏申请动力的。

(一)债权人的申请

在实践中,债权人申请破产的情况往往是其债权在普通的民事诉讼程序实现困难的情况下,才欲通过破产程序实现自身的债权。就有财产担保的债权人来讲,本身其有特定财产担保,直接行使担保物权就能够直接实现自身的债权清偿目的,无通过破产程序获偿的必要。进入破产程序对有财产担保的而言反而会使其承担破产程序的不利束缚,如重整期间不能行使、利息停止计算等,因此其必然不会主动选择该路径。而且,从当前企业的负债端来看,有财产担保的债权人往往是金融债权人,其因为内部的绩效考核一旦债务人进入破产,该笔债权将成为不良资产而不愿意进入破产程序。实践中,有财产担保的债权人申请债务人破产的极为鲜见。而普通债权人,即无担保的债权人在破产程序中是处于最后的清偿顺序,在企业符合破产原因的情况下,其清偿率往往非常低,甚至为0的案件也为常见。因此,无担保的债权人在债务人所有财产被设定担保或被查封、保全的情况下,其通过正常的程序也无财产可执行,才会考虑通过破产程序"追赶执行"来实现自身的债权。举例说明,债务人财产如同蛋糕,每个债权人都希望能够通过个案执行将自己的蛋糕全部吃掉,只有万不得已的情况下才会选择与他人共分。破产程序就是"共分蛋糕"模式。

(二)债务人的申请

虽然破产属于保护救助措施,但是进入破产程序是企业经营出现问题的直接证明。对于债务人企业来讲,进入破产程序后就是"刮骨疗伤"之过程,清算不用多说,在重整和和解的实践中可谓"步步惊心",一步不慎则就会被宣告破产,被注销风险一直都"高悬于头顶之上"。进入破产程序,股东意味着投资失败,

---

①全国人民代表大会常务委员会执法检查组关于检查《中华人民共和国企业破产法》实施情况的报告中统计,2007年至2020年,全国法院共受理破产案件59604件,审结破产案件48045件。2017年至2020年受理和审结的破产案件分别占到法律实施以来案件总量的54%和41%。符合破产条件的企业并未完全选择破产方式退出,2020年全国企业注销数量289.9万户,其中因破产原因注销的企业3908户,占比仅约0.1%。

企业存续还有翻身的机会，而破产程序的启动是债务人申请的，属于企业的重大决策事项，需要企业权力机构股东会或股东大会做出决议，很多股东选择"掩耳盗铃"式的逃避，宁愿跑路，也不愿选择破产程序。另外，需要关注的是，在民营企业发展中，因融资需要，很多民营企业的股东（实际控制人、甚至其亲属）往往对企业债务通过担保等方式承担着连带责任，而债务人企业的破产程序只是对企业自身的债务进行了免责，并不能对其个人连带债务予以豁免，因而对于其而言，破产缺乏利益刺激。现在各地探索的个人破产制度预期将会对债务人企业主动申请破产有一定的推动作用[①]。而全民所有制企业的破产虽然现在已不要求政府的行政审批，但是其破产因为涉及国有资产，还是需要上级主管部门的同意，其进入破产程序更为谨慎。

（三）申请主体的申请义务规定不明确影响申请动力

企业一旦出现偿债能力不足问题，不管是资不抵债的现实或者将来的可能，因资产端和负债端的不匹配，必然会直接影响债权的公平清偿，因此就需要依法通过破产程序来对其资产进行盘核，通过清产核资、审计评估、审查确认债权债务等方式摸清企业的真实债务状况，以保障全体债权人的公平清偿利益。但是对于企业来讲，即使具备适用破产程序的条件，但是基于各种因素的考量，未必愿意选择进入破产程序。申请破产程序是不是其应当履行的义务呢？破产法依然体现破产申请实行意思自治原则，最高院发布的执行转破产程序也秉承该原则。

企业在具备破产原因的情况下，如果不及时采取或救治或清算止损的有效措施，将会使债务人的财产状况继续恶化，这对债权人的权益保护是十分不利的。《中华人民共和国民法典》（以下简称《民法典》）第七十条、公司法司法解释（二）中明确了法人的董事、理事等执行机构或者决策机构的成员在公司解散情形下的清算义务及责任，但是并未规定出现破产原因时的申请破产义务。公司法司法解释（二）第十七条仅对债权人对债务清偿方案不予确认或者人民法院不予认可的情形下，清算组申请宣告破产的义务进行了明确规定。"而对于通过破产重整程序解危脱困、保障债权人的公平受偿利益的申请义务人法律并没有明确规定，导致无人申请时企业或自救成功，或持续恶化，对债权人来讲，其债权风险

[①]《深圳经济特区个人破产条例》第二条规定："在深圳经济特区居住，且参加深圳社会保险连续满三年的自然人，因生产经营、生活消费导致丧失清偿债务能力或者资产不足以清偿全部债务的，可以依照本条例进行破产清算、重整或者和解。"据此，生产经营等投资失败的自然人可以通过破产程序豁免债务，其投资的企业进入破产程序当然属于投资失败情形之范围。

将大大增加,社会、经济的不稳定因素也会大为增加。"①

二、裁定难

在我国,破产程序的启动标志是破产受理,一旦进入破产程序,相关主体以及相关行为必然会受到破产程序的约束。而且破产程序是不可逆的,没有回头路,是"牵一发而动全身"之举。因而人民法院在进行裁定受理时一定要谨慎、细致、妥善。目前人民法院在受理中的考量影响其受理决定的因素有:

(1)"假破产"顾虑。在实践中,很多企业尤其是民营企业通过隐匿、私分、转移资产后欲通过破产程序予以"抹平欠债",一旦把关不严将会给债权人造成损失。

(2)一些企业在设立过程中存在一些诸如虚设股东、出资不实等程序瑕疵,影响破产适用主体资格的认定。

(3)很多企业法人的财务管理规范、股东、实际控制人、法定代表人与法人的资产混同严重、职工问题负责等问题是该企业的破产案件必然面临的诸多的困难与障碍。

(4)关联企业现象问题突出,很多关联企业都是为了融资而设立的"壳公司",即企业之间存在"高度人格或财产混同现象,这严重损害了债权人的权益,为体现全体债权人的公平清偿,应突破法人的独立人格限制,将高度混同的关联企业全部纳入实质合并破产程序。"[1]但是,"关联企业实质合并破产的判断标准、合并审理的程序及模式,这些问题当前并没有一个明确的法律规定,实践中仍是探索阶段,同时实质合并破产重整程序否定了法人的人格独立性,对于公司独立人格和有限责任制度冲击巨大,加之债权人之间利益的剧烈博弈,这些因素都导致了法院在进行关联企业实质合并破产审查时面对较大的困难和压力。"①这些因素使人民法院在审查企业破产申请时更加审慎,畏难情绪也相应增加。

虽然人民法院在审查中尽可能地查明债务人企业的真实状况,但是受时限限制,破产受理审查更多的为"形式审查",即当事人提交的证据材料的书面审查,而该企业真实状态,必须是进入程序后的调查、盘核、评估、审计。另外,还有些事项的审查超过法律技术范围,比如针对重整申请中债务人企业重整可行性审查,其本质上属于是一种商业判断,是对未来市场的一个预判,其需要专业的对

---

① 马俊勇,武志强,柴丽. 民营企业破产重整中的难题及对策[C]. 第十二届"中部崛起法治论坛"论文汇编集,2019.

该行业了解的人才能出具合理的意见，且商业判断本身就具有风险性，一旦判断失误，也会增加破产成本的。

第五节　破产受理难的原因分析

一、"谈破色变"的破产理念严重影响破产受理决定

旧破产法20多年的破产清算制度实施让中国民众对破产的认知，从政府到企业到社会都是持"谈破色变"的态度，认为企业进入破产程序就是死路一条、一种"屈辱"，因而对破产程序是极度排斥的。但是由于现代的破产理念发生了转变，进入破产并非"死亡"，而是给予病企生的希望，在制度设计上侧重于挽救企业。即便是破产清算程序也是规范企业退出、保护债权人公平清偿的有效方式，是从大局出发、从债权公平清偿出发对"诚实但陷入不幸主体"的一种救赎。意识决定行为的效率和效果，破产理念的滞后，让相关主体对破产"望而生畏"，不敢申请不敢受理，直接影响破产程序的适用。

二、企业财务管理不规范导致判断难度大

企业法人之所以能够适用破产程序解决债务问题，是因为其独立的责任承担为基础的。其独立责任的理论来源是其财产的独立性。但是实践中，企业法人尤其是民营企业的财产与股东（实际控制人）的个人财产混同现象较为普遍。当企业出现债务清偿问题时，依法是可以通过破产程序来进行拯救或合法的债务豁免的，但前提是在企业真实财务状态下的判断。而就是因为财产混同，致使一些企业的账册账目并不能反映债务人的真实财务状况，据此无法认定债务人是否具有破产原因事实，人民法院只能对其破产申请不予受理或受理后发现与事实不符又予以驳回。另外，债务人财务管理不规范，财务记录不完整、财务材料不规范等都影响破产程序的适用。

三、政府的支持力度不足影响破产效率

破产案件的解决非技术就能处理的，还涉及多种关系的协调，如土地管理部门、社保机构等，有些工作需要政府的支持、协调、推动。现在各地纷纷建立府院联动机制，但联而不动，效果有限。国有企业的破产经过多年的实践，相对比较成熟，而且政府的支持力度较大，在破产程序具体事项上予以积极地协助主动性。比如税务的减免、职工社保的解决、职工安置的政府兜底、土地性质的转变、

共益债等方面的处理和协调方面也予以倾斜。但是相对于民营企业来讲，同样也面临这些问题，但是由于没有政府强有力的支持导致处理难度加大。依据破产法的规定，破产程序的大门总是敞开的，只要具备破产原因的企业法人都可以选择通过破产程序来解决困境，但是实践中，人民法院在作出破产受理裁定之前需要当地政府同意破产的批文才予以受理。还有些地方，政府基于维稳需要直接干预破产受理，在相关问题没有妥善的解决方案前不得进入破产程序，这直接使得一些具备破产原因的企业法人无法顺利适用破产程序。

第六节　破解企业破产受理难的建议

一、强化破产宣传力度，切实转变破产理念

破产程序适用、制度落实的前提是需要各方主体切实地转变破产理念。虽然在新破产法出台后，通过破产宣传和破产案例的指引，各方对企业通过破产程序重生的观念有所认可和改变，但是整体上还需要进一步的宣传引导。债务人企业对破产程序依然有着很强烈的抵触情绪，宁愿"跑路"也不愿进入破产程序。债权人、职工一旦知晓企业进入破产程序便会产生恐慌，纷纷采取各种正常或非正常的手段以期获得利益最大化。包括有些政府机关对于破产程序持否定态度。这些都直接影响破产程序的适用以及进入程序后的程序运转。因此，对于法院、管理人等"破人"队伍主导力量来讲，一定要重视破产法的宣传工作，积极普及破产法律知识，让其明晰和了解破产程序的价值和制度优势，扭转"破产逃债论"等错误观点。明确破产是市场经济发展中的正常现象，使政府在企业破产中不缺位、不越位，社会民众面对破产不再恐慌和抵触，而是合理地利用破产程序解决困境企业问题。当然，破产也并非"好事"，既然是拯救程序，对企业来讲也是"刮骨疗伤"的过程。因此，对于是否进入破产程序，进入哪个程序，都需要谨慎选择、合理适用。有挽救价值和挽救希望的企业可以根据情况选择重整或和解，而对于确实"无药可救"的企业就应当遵循市场优胜劣汰的规律，退出市场。

二、完善破产相关立法，为企业破产保护提供法律支撑

破产法虽然较之于旧破产法而言有了很大的进步，但是其不足也是显而易见的。既有制度上的先天不足，也有社会发展的新环境和新变化。目前破产法已经列入了全国人民代表大会修法计划中。全国人民代表大会常务委员会执法检查组

关于检查《中华人民共和国企业破产法》实施情况的报告中指出"（八）加快法律修改工作，完善破产法律体系。一是加快企业破产法修改工作。对执法检查中发现的企业破产法律制度不适应发展需要的方面，要尽快修改，对于自然人破产、金融机构破产、上市公司破产等问题，在修法中作好研究论证，积极回应实践需要。二是作好企业破产法与关联法律的衔接。针对执法检查中反映关联法律法规与企业破产法衔接协调的问题，建议国务院有关部门认真研究，提出一揽子修法建议，并同步做好对相关部门规章、规范性文件的修改工作，要以企业破产法修改为契机，加快关联法律法规的联动修改，推动破产法律体系不断完善"。对检查企业破产法实施情况报告的意见和建议中达成共识，"七、加快完善破产法律体系 有些出席人员认为，应加快企业破产法修订工作，建立健全破产企业关联企业实质合并破产、上市公司破产、金融机构破产、跨境破产、破产管理人、破产费用、税收减免、重整企业信用修复、简易注销等重要制度，加强与民法典、民诉法、金融法律、税收法律、劳动法律等的衔接协调。研究建立个人破产制度。"

通过当前的态势看，破产法修改和完善的步伐很快。为有效规范和指导企业法人的破产适用，解决实践难题，建议在立法中对债务人破产原因的识别、关联企业破产等问题予以完善，制定具体的具有可操作性的规则。

一是增加职权主义启动主体。实践中，存在大量的因企业法定代表人或实际控制人下落不明或怠于申请破产，企业经营处于停滞状态。如果不解决，任其恶化，是不利于债权人债权保护的。因而建议将"破产程序启动的立法模式转变为以申请主义为主职权主义为辅，在特定情形下赋予人民法院或检察院依职权启动企业破产程序的权利，避免出现因无人申请而导致本应该适用破产程序的企业无法进入破产程序的情形。"[①]

二是明确债务人具备破产原因时的相关主体的破产申请义务和责任，以构建更为科学的债权人公平清偿利益的保护体系。笔者建议在立法中直接明确地用列举的方式对法人的董事、理事等执行机构或者决策机构的成员解散时的清算义务以及具备破产原因时的申请义务进行规定，这样的修正也是符合《民法典》第七十条的规定本意的。虽然破产程序本质是债权债务清理的一种方式，但是该方式的程序价值有了升华，有其独特的优势，"不仅是对债务人、债权人利益的维

[①] 马俊勇,武志强,柴丽.民营企业破产重整中的难题及对策[C].第十二届"中部崛起法治论坛"论文汇编集，2019.

护，而且也涉及职工权益、国家利益的保护，是一个全面概括的公平清偿程序。因而规定相关主体的破产申请权（破产申请义务）是有必要的，也是可行的。"[1]

三是"尝试建立政府序列的破产事务局。现在的府院联动机制更多地体现为个人的协调能力，没有形成规范、长效的运行模式。为解决当前的府院联动问题，建议实行责任清单制，明确政府各职能部门在破产案件中的职责范围。从长远看，建议建立政府序列的破产事务局，专门负责破产案件涉及的行政协调问题。"

三、法院切实加大企业的审理力度，确保企业破立有序

我国破产法的适用从边缘到核心时间较短，法院的破产审判队伍也是在逐渐成长当中。且破产受理不仅仅涉及法律技术上的事实认定及判断，还牵涉当地的经济布局、社会稳定等多项问题。再加上破产原因的识别难度系数较高，诸多因素影响导致破产实务中人民法院对于企业的破产受理积极性大打折扣。对于法院来讲，应当克服畏难情绪，稳妥审查受理企业的破产申请。

（一）依法操作为原则

破产法既然赋予了企业法人的破产能力，在符合破产条件的企业破产申请时，人民法院不能无故不予受理。依据最高院破产法司法解释（一），如人民法院不按照程序受理、补正的，申请人可以向上一级人民法院提起破产申请。当然，法院对符合条件的企业"敞开大门"破产受理的同时，一定要把好关，真正做到立案有章，受理有据。

（二）打消"假破产"顾虑

实践中，企业"假破产"的担心成为其进入程序的严重障碍。其实，按照我国破产法的设计，债务人企业是无法通过破产来实现转移资产、逃避债务目标的。一旦进入破产程序，债务人企业的所有行为都受到管理人的监督和盘核，甚至是溯及破产受理前[2]。债务人的恶意行为将会无所遁形，管理人将会依法撤销或追回。

（三）依法处理合并破产问题

为担保、产业链经营等原因企业普遍存在成立关联企业的情况，因此办理破产案件时要对这些债务人企业的关联关系进行关注，一旦出现混同达到合并破产界限，应当突破法人的独立人格限制，切实维护债权人的清偿利益。

---

[1] 马俊勇,武志强,柴丽. 民营企业破产重整中的难题及对策[C]. 第十二届"中部崛起法治论坛"论文汇编集, 2019.
[2] 破产无效行为没有时限限制，破产撤销行为可追溯到破产受理前1年，个别清偿行为可追溯到受理前6个月。

（四）赋予法院破产执行力度

当前在破产事务的处理中面临的一个突出问题是解封难、中止执行难。本辖区的一般通过协调能解决，但是一旦跨区域基于多种原因导致无法依法解封或中止，严重影响了破产案件的进程。因此笔者建议除了诉讼集中管辖外，对于破产程序中涉及执行、解封等事项也赋予破产受理法院裁定权，这样必将提升破产程序的效率和力度。

四、规范进入程序后的法律动作，提升破产程序的效率和效果

进入破产程序的企业前提是缺乏清偿能力而陷入困境的企业，即"病企"。破产程序的效率直接影响债权人的利益，如同病人久拖必然会增加"治病"成本。虽然破产法规定了破产重整计划的提交期限，但是破产程序的整体时限并没有相关约束，导致实务中破产程序久拖不决现象很常见。当然造成此种现象的原因有很多，其中企业的管理不规范导致资产盘核、职工安置等都存在较多的问题，严重影响了破产程序的顺利进行。为提升企业破产程序的效率和效果，建议从以下几个方面入手。

（一）提升管理人的工作实效

管理人是破产程序相关事务的主要"操刀者"。破产法虽然明确规定了管理人的勤勉尽责义务，但是过于抽象和原则化，在实践中管理人的工作效率是有待提升的。因此，有必要在指定管理人时对管理人的承办能力进行考量，同时增强对管理人的监督力度。

（二）强化债务人相关人员的配合义务

破产程序中相关工作需要债务人企业相关人员的配合，债务人企业的相关人员会由于各种因素的影响拒绝或者怠于履行配合义务，严重影响破产程序的顺利进行。实践中多是采取沟通等方式解决，但是效果有限。必要时应当及时向人民法院寻求司法措施，通过司法拘留、罚款等强制方式促使其提升配合的积极性、主动性。

（三）严格把握破产事务处理尺度

破产实务纷繁复杂，既涉及法律技术问题，又涉及各种关系的协调。很多案件中处于社会稳定需要，会在一定程度上突破法律规定，从个案看解决了部分问题，化解了相关矛盾，但是从长远整体看不利于破产法的适用。因此，在破产事务处理中，一定要依法为原则，把握好合法性尺度，既有利于破产法的规范适用，形成良好的示范效应，也防范了相关职业风险。

（四）有效发挥府院联动机制作用

虽然府院联动机制非属破产法律规范，但是其作用的发挥也直接影响企业的破产处置实效。在破产程序中，很多工作如解封、土地流转、职工安置等事项需要政府的支持和解决。政府应当充分发挥社会管理职能，积极主动地做好困境企业的支撑杆，在需要政府支持和协调时"不缺位"，同时也不"越位"过多地干涉企业的生产经营，尤其是在债务人企业破产案件中投资人引入时，政府应当发挥平台优势，给予投资人投资优惠及信心，这将成为企业重整成功的强大助力。

五、规范企业的管理体制，优化企业的监管制度

优质企业的典型特征就是其企业管理体制的科学性、合理性、规范性。一个企业的长效发展必然且应当立足于科学健康的管理规范之下。"政府及其他相关部门，应当通过各种方式引导债务人企业树立规范运营意识，依法经营、依法管理，真正实现法人型企业的人格独立、财产独立、责任独立，为适用破产程序奠定基础；同时，政府应当切实强化对企业的有效监管，对其企业的经营、负债、税收、资产、欠薪等情况，以及公司的重大财产处分、重大事项的变更等行为要予以了解和掌握。虽然对企业有一些监管措施，但是从目前实践看，监管的实效是有待提升的。而破产法适用的理想主体是'诚实但陷入不幸的人'，如何识别？这个问题不应当成为阻碍破产程序启动的障碍。当然，企业的规范管理和有效监管工作不是一蹴而就的，需要长期的引导、规范和约束。"[①]

具备破产原因的企业通过破产程序依法处置也是其法治化、市场化、常态化处置的必然。客观的评价，当前出现企业破产受理难也是一时之势，随着我国破产法的进一步深入实施，破产理念的转变，信用体系的建立，企业管理的规范化，破产法助力企业发展的作用将会进一步释放。

[①]马俊勇，武志强，柴丽. 民营企业破产重整中的难题及对策[C]. 第十二届"中部崛起法治论坛"论文汇编集，2019.

第三章 债权申报及审查

人民法院作出破产受理裁定之日起，意味着破产程序启动，由于破产程序理想状态就是一揽子解决该债务人企业的所有问题，因此所有债权人的债权都只能在破产程序中受偿。但是债权转化为破产债权有一个前提，债权人必须在破产案件受理后，及时地向管理人申报债权，已申报的债权经过破产法规定的程序（债权人申报、管理人审查、债权人会议核查、人民法院确认）确定后，债权人才有权在破产程序中行使相应的权利，参与破产程序中的清偿。因此，债权申报是民事债权转化为破产债权的首要环节，是债权人参与破产程序的前提。债权人何时申报债权？具体如何申报？逾期或未申报其法律后果如何？申报后债权的审查规则和确认程序？这些是当前债权人最关注的问题。

第一节 债权申报规则

一、债权申报期限

债权申报期限是指法律规定或人民法院指定的债权人向管理人申报债权的期间。

（一）债权申报期限制度的立法例

各国破产法都对破产债权的申报规定了申报期限，即债权人申报债权的有效期间。目前，国内外对债权申报期限的立法体例有两种：

（1）法定主义。债权申报期限的长短由法律直接加以规定，受案法院不得予以变更，如我国1986年的《中华人民共和国企业破产法（试行）》。

（2）法院酌定主义。债权申报期限的长短由受理案件的法院在法律规定的弹性幅度内根据案件的实际情况予以确定，如英国、法国、日本等相应法律条文。日本《破产法》第一百四十二条规定，法院应于破产宣告同时确定债权申报期间，但其期间应自破产宣告日起两周以上四个月以下；美国《破产法典》第五百零一条规定债权人或债权人之受托人，在破产程序开始后应尽快申报债权，联邦地区法院有权给债权人申报债权确定一个适当的期限。相对于日本，美国的立法更加具有灵活性。我国2006年的破产法采用了第二种立法体例。

（二）我国现行破产法债权申报的期限

我国新破产法就采用了法院酌定主义，人民法院可以根据具体个案的不同，在法定最短和最长期限范围内确定债权申报期限；同时，还准许债权人补充申报。具体来讲，我国现行破产法债权申报的期限主要包括两种情况。

1. 一般申报期限

在破产程序中，保证破产程序及时、顺利地进行，同时只有在债权人人数和债权数额业已确定的情况下，才能有效地召开债权人会议和进行清偿安排。为提升破产程序的效率，必须对债权申报期间进行限定，在此期限规定的期间内债权人向管理人申报其债权，若在此期限内债权人未申报债权则承担相应的不利后果。

我国旧破产法规定的债权申报期限为"债权人在收到通知后一个月内，未收到通知的债权人应当自公告之日起三个月内，向人民法院申报债权"，旧破产法的债权申报期限属于固定的期限，一刀切的规定不合理。新破产法对此进行了改革和完善。依据新破产法的规定，人民法院受理破产申请后，按照破产案件的不同情况确定债权人申报债权的期限，但法院确定的债权申报期限范围自人民法院发布受理破产申请公告之日起计算，最短不得少于三十日，最长不得超过三个月。这是对债权申报期限的一般规定，是债权的常态申报。具体个案的债权申报期限由人民法院根据具体情况在法定的限定期间内进行确定，只要将申报期限确定在受理破产申请公告之日起三十日到三个月之间都是合法的。

2. 补充申报期限

按照旧破产法的规定，在债权申报期间内没有申报债权的，就视为放弃债权。因此，在旧破产法的规定下没有补充申报之说。依据新破产法规定之下，人民法院确定的期间内没有申报的，可以补充申报。债权人未在人民法院确定的债权申报期限内申报债权，其原因各异，理论上讲，只要债务人企业有可供分配的财产，债权人都可以向债务人企业主张自己的债权。因此新破产法规定，债权人未在人民法院确定的债权申报期限内申报债权的，可以在破产财产最后分配前补充申报，但为督促债权人按期及时申报，体现对已按期申报的债权人的公平，破产法同时规定补充申报前已进行的分配，不再对其补充分配。为审查和确认补充申报债权的费用，也由补充申报人承担。

（三）特殊债权的申报期限

1. 职工债权的申报

破产程序开始后，在规定的期限内，债权人应该向管理人申报债权，未经申报的债权视为债权人放弃权利，不能参与破产分配。债务人所欠职工的工资、社会保险费用等也为债权的一种，但考虑职工债权的特殊性，新破产法第四十八条第二款规定职工债权不必申报，由管理人调查后列出清单并予以公示。这样规定主要是由于职工债权一般都比较明确，管理人通过查阅债务人企业的工资表及其他相关明细表或者相关部门配合就可以掌握和了解；同时也为职工节省了申报费用。这也是一种特殊保护，避免了职工因为不知道、不懂得申报或者逾期申报带来的不利后果，而管理人和人民法院则对此有着更多的关注义务。如果职工对管理人公示的结果有异议可以通过法定方式进行弥补。因此，职工债权无须申报，就不涉及申报期限的问题。

2. 税款债权的申报期限

对债务人企业所欠税款形成的税款债权是否申报，新旧破产法都没有明确规定。对此学术界有两种观点，一种观点认为，对于税款债权，"应当统一确定国家税务机关为税收债权的申报主体，内部专设机构和人员负责征缴进入破产程序的企业税收，有关征税机关协助其确认税收债权，债务清偿所得按比例和预算级次分别缴入国库"。有些学者持相反观点，认为"税款债权可不予申报，税款债权是因行政关系产生的债权，如无债务人提供纳税申报资料，税务机关有时无法认定欠税数额，难以准确申报债权，所以可由管理人根据债务人企业会计账目直接列入债权表，并向债权人公布"。利害关系人无异议时，债权即得到确认，有异议时则通过债权确认之诉解决。如按上述第一种观点，税款债权未申报则不能参与破产程序。而第二种观点之下，税款债权的处理同职工债权一样，不存在未申报的说法。

本书认同第一种观点：税款债权应依法申报。理由：一是税收是行政关系产生的，具有强制性，但是一旦债务人企业进入破产程序，在破产程序中将其定性为债权，债权的权利性及平等性决定了其债权和其他债权人的债权一样须在破产程序中受偿，但由于税收债权涉及国家利益，为体现对国家利益的保护，在破产清偿时可比其他普通债权具有一定的优先性，在我国破产法中将其列在第二顺位；二是无任何法律法规明确规定税款债权无须申报，因此税款债权也应在法定申报期限内申报，未申报则不能参与破产程序。综上，税款债权的申报期限和其他债权一样按人民法院确定的债权申报期限执行。实践中对于税务机关的债权申报是较为尴尬的，一方面应当申报，不申报不予清偿；另一方面债务人的注销以及重整还需要税务机关的配合，如不予清偿，税务机关将会以此为由不予办理相关事项，即使未申报管理人也得主动予以预留。因此建议明确税务机关的债权申报职责，促使税务机关在破产程序中积极申报债权。

3. 担保债权的申报期限

担保债权是指对债务人企业的特定财产享有抵押权、质权或留置权的权利人可以就特定财产个别优先受偿的债权。按担保权的性质，担保债权人对特定财产享有优先受偿权。破产法虽然并没有明确规定担保债权人是否要申报债权，但从法理及破产法的相关规定来分析，担保债权也应按期申报，如未申报也将发生相应的法律后果。

首先，从相关法条来看，破产法第四十九条规定："债权人申报债权时，应当书面说明债权的数额和有无财产担保，并提交有关证据。申报的债权是连带债权的，应当说明。"第五十九条第一款规定："依法申报债权的债权人为债权人会议的成员，有权参加债权人会议，享有表决权。"第三款："对债务人的特定财产享有担保权的债权人，未放弃优先受偿权利的，对于本法第六十一条第一款第七项、第十项规定的事项不享有表决权。"从这些条款规定进行推理：债权人申报债权时要说明是否担保债权；同时，担保债权人对某些事项享有表决权，而只有依法申报债权的债权人才享有表决权，因此担保债权人只有经依法申报才享有表决权。所以，担保债权人在债务人企业进入破产程序后也须依法申报债权，才能参与破产程序，在破产程序内行使权利及受偿，如未申报也将发生相应的法律后果。

其次，从法理来分析，债务人企业进入破产程序后，债务人企业财产直接涉及债权人的清偿利益。担保债权是否成立、债权数额是否真实、财产担保有效与否以及担保物范围的大小等直接关系破产债权人的利益，如果担保债权不经申报就可直接行使权利，一旦出现破产欺诈，显然会损害其他债权人的利益。因此担保债权也应在法定期限内申报并接受债权人会议的审查；同时，从保护担保债权的角度出发，担保债权也应及时申报。因为债务人企业在进入破产程序后，管理人接管整个债务人企业，如果担保权人不及时申报，管理人在缺乏相关资料的情况下，很可能将担保财产和破产财产混同处置，并分配给其他债权人。

另外，如担保债权人不申报债权，其自以为其债权担保是合法有效的，而管理人和法院经审查后却认定为无效时，则会出现担保债权人因未申报债权而不能作为破产债权受偿的尴尬局面。因此，要求有财产担保债权人及时申报债权行使权利，既有利于法院和管理人全面了解债务人企业资产状况和债务情况，审查财产担保是否合法有效，早日确定破产财产的范围，加快破产程序进程，提高工作效率，防止破产程序久拖不决，又能加强对担保债权人未能优先受偿债权的保护，防止丧失通过破产程序进行受偿的机会。鉴于以上分析，担保债权的申报期限和普通债权的申报期限一致。

二、债权申报主体及注意事项

如前文所述，除职工债权无须申报外，其他类型的债权人均需依法申报，管理人负责债权申报工作。在司法实务中，由于债权人对申报规则不了解，导致申报出现瑕疵，甚至债权未被审查认定。对于债权人来讲，除了要在债权申报期限内及时申报债权外，还需要注意按照要求提交下列材料。

1. 债权申报表

破产程序中的债权申报形式为书面申报，因此需要填写相关的书面申请材料。债权申报表是要填写的必备材料之一。债权申报表没有固定格式，一般都是管理人制作，但是基本内容都会涉及对于债权金额、有无担保、有无诉讼、裁定或裁决以及债权形成基本情况等事项进行初步的主张和说明。债权申报表填报时，如果债权人属于机构债权人，须法定代表人签字并加盖单位公章；如果是个人债权，须由债权人本人或其代理人签名。该债权表是债权人向债务人主张债权的依据，因此债权人需要注意留存。

2. 证明债权申报人身份、资格相关材料

申报人须提交相关申报主体的身份、资格相关材料。对于机构债权人来讲，需要提交的是：企业法人营业执照、事业和社团法人登记证书等原件（核对后归还）及复印件（加盖单位公章及骑缝章）、法定代表人或负责人身份证明；如发生单位名称变更或法定代表人变更的，必须提交变更的法律文件和证明文件。自然人债权人须提交的资格证明材料：身份证等个人有效证件原件（核对后归还）及复印件。如属于委托申报，委托代理人还需要提交委托授权相关手续，同时提醒注意的是委托授权的授权权限需要委托人根据具体情况进行确定。

3. 证明债权发生事实及其数额的材料

管理人审查债权规则如同人民法院审理一样，也需要在查明事实真相的基础上进行认定。因此债权人申报债权时也必须提供相关的证明材料来证明自己的主张。因为破产程序中的债权为民事权利，所以实践中常见的证明材料包括但不限于以下几方面。

（1）债权产生及履行、变更等证明文件：合同（协议）、票据、转账（银行流水）、对账单、收据、发票等。

（2）债权属于担保债权的证明文件：担保合同［抵押合同、质押合同、保证合同等相关合同及相关的登记证件（包括但不限于他项权利证）等担保原始材料］；质权中质物交付凭证；留置权中的留置通知、催告通知等。

（3）债权变更证明文件：履行中如出现债权变更，需要提交债权变更文件，包括但不限于债权让与协议、债务承担合同、合同转让协议、债权债务重组协议、抵销、清偿等材料。

（4）债权救济证明材料：该证明材料是证明债权目前的救济状态，需要提供的有，如涉及诉讼、仲裁、调解、保全、执行等程序的，则须提交诉讼、仲裁、调解、保全、执行有关的文件，包括但不限于已经判决正在执行中的案件的起诉书、仲裁申请书、诉讼保全申请书、保全裁定书、生效判决书、调解书、裁决书、执行申请书、法院执行裁定书、法院执行案件通知书等。

（5）诉讼时效中止、中断、延长的证据材料：该项证据往往是债权人容易忽略的证据材料，虽然后期可以进行补正，但是容易造成程序的拖延。该项证据债权人需要根据要证明的事项提供材料。中止主要是提供未主张权利是非主观因素造成，如不可抗力等；中断主要是提供债权人向债务人主张权利的证明，如催款通知等；延长需要根据不同情况提供合理的理由。

（6）其他债权人认为应当提交的材料。

总之，提交的相关材料要合法、真实、有效，能够充分地证明自己的债权主张。另外提醒的是，申报债权时，需要携带原件与复印件，原始凭证原件（核对后归还），复印件由管理人留存；同时要详细填写债权人准确的通信地址、邮编、联系人、电话（固定及移动电话），以备后续的权利行使、联系沟通。

第二节　未按期申报债权的效力及处理

债权人须按期申报债权，以便于在破产程序中行使相关权利。但是依然存在逾期未报的债权人。债权人未按期申报债权原因各异，有自愿放弃申报利益等可归责于债权人自身原因的逾期未报，也有不可归责于债权人的逾期未报。虽然债务人企业进入了破产程序，但是不能否认债权债务关系属于私权的特性，在破产程序终结前或拯救成功后，除债权人明确表示放弃债权外，其债权仍然存在，未按期申报债权法律效力如何？其权利如何救济也是实践关注的一个问题。未按期申报债权，也称逾期未报债权，从广义上理解，是指在破产程序中，未在人民法院确定的债权申报期限内申报的债权，以及在破产程序终结前未补充申报的债权。从狭义上理解，仅指的是在人民法院确定的债权申报期限内未申报的债权。本书研究的是广义上的未按期申报债权的法律效力，主要包括两个方面：一是在人民法院确定的债权申报期限内债权未申报的法律效力；二是在破产程序中一直处于未申报状态的债权在破产程序终结后的法律效力。

一、未按期申报债权的性质

对未按期申报债权进行准确的定性，是合理确定未按期申报债权法律效力的前提与关键。各国的理论和立法对未按期申报债权性质的认识及定性颇不一致，主要有以下几种学说。

（一）权利消灭说

持该种观点的学者认为，每个人都是自身利益的最大维护者，在破产债权申报期限内，债权人未按期申报债权，表示其放弃自己的债权利益，这种放弃行为带来的法律后果就是其债权的消灭；同时，"由于其放弃了实体权利，按民事诉讼法的一般理论推定，无民事实体权利的当事人也不会有程序法上的权利，即不能提起诉讼、参加诉讼。也就是说，债权人未按期申报债权的，程序法与实体法上的权利均归于消灭。"[①]

（二）有债权无诉权说

持有债权无诉权观点的学者认为，债权申报期限具有程序上的除斥效力，债

[①] 吴鹏. 破产债权逾期未申报的法律后果 [J]. 南财政税务高等专科学校学报，2005，19（5）：28-30.

权人未按期申报债权的,只发生不能参加破产程序的结果,即导致诉权的丧失,而不具有消灭民事实体权利的效力。因为从实质上看,"破产程序是一种特别程序,债权人申报债权,具有提起诉讼以保护其权利的效力,其实体权利并不因债权人是否要求给予诉讼保护而消灭。依法理,破产并非债权消灭的原因,在债务人破产时,未经加入分配的债权,除非该债权人有免除的意思表示,不得以其未加入分配而认为其债权归于消灭。所以说,债权人未按期申报债权的,只表明放弃或丧失诉权,其实体法上的权利不应因权利人未按期申报而归于消灭。"[①]

（三）自然债权说

持自然债权观点的人认为,未按期申报债权在破产程序终结后成为自然债权。自然债权按民法的规定是不具有强制执行力的。自然债权人丧失了胜诉权,即使债权人向法院提起诉讼,也得不到法院的支持。自然债权人只享有法律上的受领权和道德上的请求权。自然债权的满足只能寄希望于债务人的自愿履行给付。

对以上观点进行分析后,可以看出这几种观点都有一定的局限性。

首先,破产程序强调对所有债权债务关系的清理,重在集体清偿,在破产程序中只有通过债权的申报,才能够确定有权参加清偿的债权人范围,以及确定不同债权人间的清偿顺序,做到对破产债权人的公平有序清偿。"债权的集体或个别清偿程序,区别仅是债权实现的程序不同,而程序问题是不影响当事人实体性权利的,即使是集体清偿程序中的特殊制度,如债权申报,其实施也不应影响债权人的实体受偿权利。据此,破产程序中的债权申报期限不应具有除斥期间的效力。"[②]也就是债权人未按期申报债权不能剥夺其实体权利。另外,根据债法的一般原理,债权消灭的法定方式有履行、抵消、债务免除、提存、混同等,破产分配是债务人履行的一种表现。而破产债权人未按期申报债权并不表示当事人放弃债权,债务人与债权人之间的债权债务关系并没有消灭;同时,从民事诉讼法的角度来讲,"程序法上的权利与实体法上的权利之间是辩证统一的关系,维护程序法上的权利是为了使实体法上的权利更好地得到保护和实现。债权人逾期未申报债权,违反了破产程序的规定,他的一些权利肯定要受到限制和剥夺,如无权出席债权人会议,无权行使表决权、异议权,但不能由此而推论出他因程序法上权利受到限制和剥夺就必然丧失实体法上的权利。"

[①] 吴鹏. 破产债权逾期未申报的法律后果 [J]. 南财政税务高等专科学校学报, 2005, 19（5）: 28-30.
[②] 王欣新. 论破产程序中的债权申报 [N]. 人民法院报, 2010年8月4日.

其次，未按期申报债权丧失诉权的说法也欠妥。根据民事诉讼的相关规定，诉权是当事人请求法院行使审判权，并保障当事人民事权益的权利。如债权人按期申报债权未得到确认的，若按此观点，该债权人丧失诉权，也就丧失了向法院提起诉讼请求确认债权或者提出异议的权利。显然，这使得债权人就无法依靠司法手段获得救济，对未按期申报债权人的利益保护是不利的。

最后，把未按期申报债权定性为自然债权的说法也不符合法理。债权只有超过诉讼时效才成为自然债权，债权申报只是债权人通过破产程序清偿的条件，申报期限也只是为保证程序顺利进行而进行的时间限制，并不能产生诉讼时效的效力。因此，未按期申报债权定性为自然债权于理无据。

我国新破产法第四十八条明确规定"债权人未依照本法规定申报债权的，不得依照本法规定的程序行使权利"。按新破产法的规定，债权人未按期申报债权的，剥夺的是债权人参与破产分配的资格及在破产程序中行使表决权、监督权、异议权等权利，债权人的实体权利仍然存在，而且如主张自己的债权或对债权有异议，仍然可基于其债权向人民法院提起诉讼。因此，按我国新破产法的规定，未按期申报债权既不丧失实体权利也不丧失起诉权，只是对其部分权利进行限制。这样规定既考虑了债权申报期限的强制规定，也对债权人利益进行了实质性保护。

二、未按期申报债权法律效力的一般规定

对未按期申报债权的法律效力，各国的法律规定不太统一。从历史上看，存在相对效力主义与绝对效力主义两种。绝对效力主义，即债权申报具有除斥效力，申报期限届满后，债权人丧失补充申报与受偿权利。相对效力主义，即债权申报期限无除斥效力，申报期限届满后债权人仍可补充申报受偿[①]。目前，绝大多数国家对未按期申报债权的法律效力采取的是相对效力主义，即对未按期申报债权的债权人提供适当的权利救济途径，债权人可在破产财产最后分配之前进行补充申报。我国旧破产法采用绝对效力主义，新破产法采用相对效力主义。

（一）不得依照破产法规定的程序行使权利

由于债权申报是民事债权转化为破产债权的前提，新旧破产法都对未按期申报债权的法律后果进行了规定。旧破产法第九条规定："债权人逾期未按期申报债权的，视为自动放弃债权。"也即债权人应当在收到通知后一个月内，未收到通知的债权人，应当自公告之日起三个月内，向人民法院申报债权。旧破产法不

[①] 王欣新. 破产法学 [M]. 北京：中国人民大学出版社，2008.

论未按期申报的原因"一刀切",只要没有按期申报,就视为债权人自动放弃自己的债权,这一规定否认了债权人补充申报的可能,而且连债权都随之消灭,即债权申报期限具有除斥效力。学术界对这一规定一致认为不合理。理由前面已有分析,在此不再赘述。

绝大多数国家对未按期申报债权的法律效力采取的是相对效力主义,对未按期申报债权的债权人提供适当的权利救济途径,债权人可在破产分配之前进行补充申报,但同时须承担一定的不利后果。如英国、法国、意大利等国均规定,未按期申报的债权人可参加申报时尚未分配的财产分配而不推定其为放弃债权[①]。日本破产法第二百三十四条规定:"与期间后申报的债权,除破产管理人和破产债权人有异议外,可于债权调查之一般期日内为其调查。破产管理人和破产债权人有异议时,为调查前项债权,法院应定特别期日。对于此情形,费用由期间后为申报的破产债权人负担。"美国破产法规定,债务人有义务把所有债权人列在债权人清单上,如果未列,致使债权人由于不知破产案件的存在而未能申报债权,则该债权人尽管不能参加破产分配,却可以在清算完结后继续向债务人追索。如果是债权人的原因未能申报或者未在申报期限内申报,则债权人失去参与破产分配的机会,并且其债务将与其他未偿债务一样被豁免掉。这样,债权人在清算完结后,也不再有权利向债务人请求清偿[②]。

由于旧破产法未按期申报债权的规定与法理不符,对债权人保护不利,所以新破产法就借鉴国外的先进破产立法对未按期申报的债权效力进行了立法上的完善。按照新破产法第四十八条的规定:"债权人未依照本法规定申报债权的,不得依照本法规定的程序行使权利。"即债权申报是债权人参加破产程序的基本条件,债权人未按期申报债权的,债权人只是无法参与破产分配,在破产程序中不能行使表决权、异议权等权利[③]。

需要注意的是,债权人未按期申报债权只是不能参与破产程序或不能以破产法的规定行使权利,但是其实体权利依然存在。在破产程序终结后,债务人企业被注销的,自然未按期申报债权随着相对债务人主体的注销而无法实现,但如果破产程序终结后,债务人企业的民事主体资格仍然存在或驳回申请的情况下,未按期申报债权人仍可以基于其债权请求债务人企业给予清偿。

---
① 柯善芳,潘志恒. 破产法概论 [M]. 广州:广东高等教育出版社,1988.
② 潘琪. 美国破产法 [M]. 北京:法律出版社,1999.
③ 王卫国. 破产法精义 [M]. 北京:法律出版社,2007.

(二) 补充申报制度

破产程序具有概括执行程序的特点，而且具有不可逆转性。因此，对债权申报期限进行固定、硬性的规定，对债权人保护不力。当债权人在法定或指定期限内未申报债权时，应给予适当的救济。现在世界上多数国家的破产法律制度中都有债权补充申报制度[①]。归纳起来有三种立法例。

一是有条件限制的补充申报。只有当债权人因不可归责于自身的原因而未按期申报时，才允许补充申报。如"我国台湾地区公司法第二百九十七条第三款规定：申报人因不可归责于自己的事由，致未依限申报者，得于事由终止后15日内补充申报"。二是不论何种原因导致债权人逾期未报，其都可以补充申报，但在补充申报前债权人必须先要以诉讼恢复自己的申报权。如法国85-98号法律第五十三条规定："债权人在最高行政法院指定的期限内不申报债权，将不能参加破产分配。除非法官监督人确认债权人逾期不申报属不能归责于他的原因，并恢复其权利。"[②] 三是不设限制，无论债权人因何种原因未申报债权均允许其补充申报。[③]

我国新破产法即采用第三种立法例，未在法院确定的债权申报期限申报债权的债权人不问未申报原因都可补充申报。新破产法第五十六条规定："在人民法院确定的债权申报期限内，债权人未按期申报债权的，可以在破产财产最后分配前补充申报；但是，此前已进行的分配，不再对其补充分配。为审查和确认补充申报债权的费用，由补充申报人承担。"这样规定，使得未在人民法院确定的债权申报期限范围内申报的债权有了救济的方式，不仅考虑了破产程序顺利进行的必要，也兼顾了对债权人债权全方位的法律保护。我国破产法对未按期申报债权的法律后果从严厉苛刻到可补充申报的宽松演变，体现了债权申报制度从过分强调经济与效率到公平与效率的衡平，是我国破产法律理念的突破性进步，但是为体现公平，对补充申报有一定的限制。

1. 在破产财产最后分配之前补充申报

破产法对补充申报的截止点进行了明确规定，在破产财产最后分配之前才可补充申报，立法如此规定的理由很简单，一旦破产财产分配完毕，债务人已无财产可分了，再申报债权已无意义，因此，债权须在破产财产最后分配之前补充申报。

---
① 李国光. 新企业破产法条文解释 [M]. 北京：人民法院出版社，2008.
② 刘德璋. 新企业破产法理解与操作指南 [M]. 北京：法律出版社，2007.
③ 刘明尧. 破产债权申报制度研究 [J]. 湖北社会科学，2006(7)：148-150.

由于破产财产的最后分配只存在于债务人被宣告破产后对其进行清算的情况下，而破产和解程序和破产重整程序中不存在最后分配一说，所以在破产和解程序和破产重整程序中补充申报就无法适用最后分配来限定。破产法第九十二条第二款"债权人未依照本法规定申报债权的，在重整计划执行期间不得行使权利"，破产法第一百条第三款"和解债权人未依照本法规定申报债权的，在和解协议执行期间不得行使权利"，债权未按期申报，自然在重整计划或和解协议执行阶段不能参与破产程序行使表决权、异议权，因债权申报也为债权人主张其权利的一种方式，所以在此期间未按期申报债权人是不能补充申报债权的。据此推理，如重整或和解成功，破产程序随之终结，那么债权人补充申报的截止点是人民法院裁定认可重整计划或和解协议之前；如果重整或和解失败，则程序又回到破产清算程序，那补充申报的截止点就是破产财产的最后分配之前，但是重整计划或和解协议执行阶段属限制申报期间。

2. 补充申报前已进行的分配，不再对其补充分配

"已进行的分配"可能有以下情形：第一，人民法院裁定破产分配方案之前。在这种情况下，分配还未进行，因此不涉及已分配的问题。第二，人民法院已裁定破产分配方案，但是分配方案还未执行。在这种情况下，分配并未实际进行，债务人财产仍然还存在，因此也不存在已分配的说法。第三，人民法院已裁定破产分配方案，分配已经开始，但是还未分配完毕[①]。也即一部分债权人已按分配方案获得清偿。在这种情形下，补充申报债权人对已进行的分配不享有补充分配权，只对其补充申报后的分配享有分配权。

3. 补充申报人承担为审查和确认补充申报债权的费用

如果债权人按期申报债权，对债权的审查和确认费用作为破产费用从债务人财产中支出。未在人民法院确定的债权申报期限内申报的债权补充申报后，也须按法定程序对其债权进行审查、核查及确认，必然也会带来相应的费用，由于此费用是由于其债权未按期申报而造成的，是为补充申报债权人的个人利益而支出的费用，因此，为体现公平，此费用由补充申报人承担。

需注意的是，按破产法的规定，破产债权是在破产受理之前产生的，但是有一些特殊情况。破产法第五十三条规定："管理人或者债务人依照本法规定解除合同的，对方当事人以因合同解除所产生的损害赔偿请求权申报债权。"管理人

[①] 韩传华. 企业破产法解析[M]. 北京：人民法院出版社，2007.

在破产程序中行使合同解除权，对方当事人因合同解除而产生的损害赔偿请求权，是需要通过债权申报而在破产程序中受偿的。但是由于是发生在破产程序启动后，所以会存在两种不同的情况。一是如果合同解除发生在债权申报期间内。这种情况下，该债权人则应按期申报，否则属于逾期申报。二是合同解除发生在人民法院确定的债权申报期间之后。这种情况下，就不能按照补充申报来处理。因为此种情况下的补充申报并非因其自身过错造成，由其承担债权的核查确认费用是不合理的，所以应当作为破产费用支付，而且已进行的分配也应该对其进行追加分配。

此项规定是针对未按期申报的一般性规定，不论未按期申报是否可归责于未按期申报债权人自己均适用该条。债权人对债务人企业享有的债权属于民事权利，破产程序的进行并不能改变其私权的性质，债权人有权处分属于自己的权利，因此，债权人或因清偿率低不愿参加破产程序或其他原因可以自主决定放弃其在破产程序中的权利。债权人这种放弃权利的行为不影响其他债权人的利益，反而因其不参与破产分配而会增加破产财产，提高其他债权人的清偿率，因此法律及他人无权也无须干涉。对这种可归责于未按期申报人自身的原因未按期申报的，则该债权人承担该后果是合情合理的；但是如果是不可归责于债权人的原因导致债权人未按期申报的，那么也让其承担相应不利的后果，对该债权人是不公平的。程序效率固然是其价值的根本要求，但程序效率应当建立在程序公平的基础之上。不可否认，债权申报的迟延会打乱正常的债权调查和确认，影响破产程序的顺利进行，导致债权总额及债权分配比率的变动，进而影响正常分配的实施。但如果逾期未报的债权人并非债权人主动放弃，而是一些客观或其他不可归责于债权人的原因引起的未按期申报，此时，如果剥夺其参与破产程序的权利，使其与无正当理由而逾期申报的债权人承担相同的法律后果，则未免有违破产程序的公平价值，所以，在对未申报债权的法律效力的认定时应考虑其未申报的原因。

对于不可归责于债权人的未按期申报，可以根据具体情况进行处理。

第一种情况，由于债权人不知债务人进入破产程序而未按期申报债权。破产法规定，人民法院裁定受理破产案件的同时，应该通知已知债权人债务人企业进入破产程序的事实，同时还采用公告的方式广而告之。已知债权人的范围限定在破产案件审理中获取的债权人信息，如果债务人提供的债权清册无记载或记载不明确等原因，或者人民法院办案人员的失误导致债权人未收到通知，又未看到公告，那么就会造成债权人未能按期申报债权的后果。在这种情况下，未按期申报债权的债权人不能及时参加破产程序所造成的损失如何弥补？破产法没有明确规定。债权人从对自身权益的维护上来讲，应该对债务人的财产状况、清偿能力等给予一定的关注。反面论证，如果在这种情况下不让其承担逾期未报的法律后果的话，债权人都以此为由而避免承担逾期未报的不利后果，那债权申报制度将形同虚设。所以这种情况下该债权应按照未按期申报的一般规定来进行处理。

第二种情况，因不可抗力导致债权未能按期申报。不可抗力是指不能预见、不能避免和不能克服的客观情况。在破产案件中，债权人无论是自然人还是法人都有可能由于不可抗力的原因导致无法按期申报债权。债权人是否能够以不可抗力致使其无法按期申报债权而发生破产分配的溯及力，同时免除补充申报的费用呢？在民事法律规范中，在责任承担上，不可抗力为免责事由；在诉讼时效中，是诉讼时效中止事由；在民事诉讼中，是期间顺延事由等。从相关立法看，不可抗力使相应主体能够免除不利后果，因此债权人未按期申报债权的法律效力的承担上，也应该考虑不可抗力因素。如果是由于不可抗力造成债权人未按期申报的，未按期申报债权人补充申报的不须承担补充费用同时其也应有补充分配的资格。《民事诉讼法》第七十六条规定："当事人因不可抗拒的事由或者其他正当理由耽误期限的，在障碍消除后的十日内，可以申请顺延期限，是否准许，由人民法院决定。"参照该条款，因不可抗力未在人民法院确定的申报期限内申报债权的，如果在障碍消除后十日内补充申报的，其债权可按照正常申报处理；但如果在障碍消除后十日后补充申报的，其债权就按照补充申报规则处理。

第三种情况，债权已申报但未得到确认。债权人申报债权后，并非当然的就按照申报时的债权参与破产程序的清偿，按新破产法的规定，债权人最终参与破产程序的债权额，需要在申报后由债权人会议审查，人民法院确定后才发生破产债权的法律效力。如债权人的债权申报后未得到确认，该债权视为未按期申报，不发生债权申报的法律后果。此类债权的债权人如对债权未得到确认有异议的，可以向受理破产申请的人民法院提起诉讼，其债权在破产分配中按未终结的诉讼债权进行处理。

第四种情况，对他人原因导致的未按期申报。如债权人按期申报，但管理人因疏忽而未记录在案、债权人的代理人怠于申报而逾期等。这种情况下，债权人应当承担未按期申报的法律后果，但是对自己的损失其可以依法向相应的致损人主张赔偿。

三、未按期申报债权在破产子程序中的法律效力

在美国破产法中,因适用破产程序的不同,债权逾期未报则会产生不同的法律后果。我国新破产法在程序设计上,有破产大程序和破产子程序之分,未按期申报债权的一般规定在各子程序中都可适用,但是由于各子程序的结构有着不同的制度设计,对未按期申报债权的法律效力规定也因破产子程序的不同而有所区别。

（一）破产清算程序中未按期申报债权的法律效力

债务人企业适用破产清算程序而终结破产程序的情形主要有三种情形。

情形一：

破产清算申请 → 破产受理 → 破产宣告 → 破产分配 → 破产终结

情形二：

破产清算申请 → 破产受理 → 破产重整 → 破产宣告 → 破产分配 → 破产终结

情形三：

破产清算申请 → 破产受理 → 破产和解 → 破产宣告 → 破产分配 → 破产终结

在情形一中,未按期申报债权在破产财产最后分配前任何时间点都可以补充申报；情形二和情形三是进入破产清算程序后转入破产重整程序或破产和解程序,但重整或和解失败,破产程序又回到破产清算程序的情况。在这三种情形之下,未按期申报债权的补充申报时间都是破产财产最后分配前可补充申报。

在破产清算程序下,如果债权人未按期申报也未补充申报的,那么在破产程序终结之后,债务人企业的财产被分配殆尽,而且企业的民事主体资格将被注销,未按期申报债权相应的义务主体消灭,所以其债权自然无法实现。需要考虑的是,如果在破产清算程序终结后,又发现债务人有可供分配的财产时,在破产程序中未按期申报债权是否可请求参与追加分配呢？在新破产法第一百二十三条规定的情况,自破产清算程序终结之日起两年内,"发现有依照本法第三十一条、第三十二条、第三十三条、第三十六条规定应当追回的财产",以及破产人应当有供分配的其他财产,债权人可以请求人民法院按照破产财产分配方案进行追加分配。有学者认为,此时不应允许再补充申报债权。因为新破产法第一百二十三条明确规定,债权人只可以请求人民法院按照破产财产分配方案进行追加分配,而原已确定的分配方案排除了未按期申报债权者参与破产分配；同时,因补充申报的债权必须经过债权审查确认程序得到确认后才有权参与分配。而在破产清算程序终结后,所有的破产机构如管理人、债权人会议等均已解散,债务人企

业也已注销,已不可能再对补充申报的债权人进行债权审查确认程序,为个别债权人补充申报债权而重新启动破产程序的法律与实际成本过高,显然是不可行的。所以,未在破产清算程序中补充申报债权的债权人,不得参加破产追加分配。

在这种情况下,未按期申报债权人的债权并没有消灭,从理论上讲,只要债务人有财产存在其就可以基于其债权请求参与分配;另外,虽债务人企业被注销,债权人会议及管理人已解散,但是未按期申报债权人可以通过向人民法院提起诉讼的方式,请求确认其债权。在这种情形下,未按期申报债权人参与分配的只是追加财产的分配,如果涉及破产分配方案的修改,可由人民法院来负责,所带来的费用由未按期申报债权人承担,这样既维护了未按期申报债权人的利益,也体现了破产法的公平清偿原则。

(二)破产重整程序中未按期申报债权的法律效力

债务人企业适用破产重整程序而终结破产程序的情形如下。

情形一:

破产重整申请 → 破产受理 → 重整期间 → 破产重整计划执行 → 破产终结

情形二:

破产清算申请 → 破产受理 → 破产重整申请受理 → 重整期间 → 破产重整计划执行 → 破产终结

情形三:

破产重整申请 → 破产受理 → 重整期间 → 破产宣告 → 破产分配 → 破产终结

情形四:

破产重整申请 → 破产受理 → 重整期间 → 破产重整计划执行 → 破产宣告 → 破产分配 → 破产终结

破产法第九十二条:"经人民法院裁定批准的重整计划,对债务人和全体债权人均有约束力。债权人未依照本法规定申报债权的,在重整计划执行期间不得行使权利;在重整计划执行完毕后,可以按照重整计划规定的同类债权的清偿条件行使权利。"

在上述情形一、情形二中,属于破产重整成功。重整计划执行完毕,破产程序终结。

在重整计划的执行期间,未按期限申报债权不能行使权利,但不否定其可以申报债权,只是不能行使相关权利。但在债务人重整计划执行完毕后,可向债务人要求清偿，但从维护全体债权人的公平利益的角度出发，保护已申报债权的债权人的利益，规定其只能按破产程序中的同类债权的清偿条件清偿。举例说明：某企业破产重整成功，在重整计划中无财产担保债权人做出让步，无财产担保债权都只清偿80%，那么在企业重整成功后，未按期申报无财产担保债权人向该企业主张权利时，该企业只负有向其清偿80%的义务。

  该条规定有一定的合理之处。因为债务人在重整执行阶段是按照已发生法律效力的重整计划来清偿债务，如果在此阶段补充申报将会涉及一系列的债权变更，所需成本过高，所以在重整计划执行阶段不能补充申报。但是，债务人经过重整程序得到挽救，继续经营生存，即重整成功，如前所述，未经债权申报程序申报债权并不剥夺债权人的实体权利，所以其债务仍需履行，这是符合法理的。

  按照该条规定，未按期限申报债权，在债务人重整计划执行完毕，即破产重整成功后，只能按照重整计划规定的同类债权的清偿条件行使权利。有学者认为这是该债权人未按期申报应该承担的法律后果，所以其继续行使权利也应受到重整计划规定的同类债权清偿条件的限制，对其他债权人亦为公平。这种观点是值得商榷的。首先，从民事理论来看，重整计划执行完毕，债务人企业通过重整，恢复营运能力，从而终结破产程序，意味着重整成功，债务人企业不再受破产程序的约束，企业恢复"自由身"，此时，未按期申报债权人的债权除诉讼时效届满外依然存在，因此未按期申报债权人可基于自己的债权向相对人即债务人企业主张自己的权利，债务人企业如无免责事由就应履行清偿义务。在这种情况下，债务人企业即已走出破产程序，相关主体就不应该再受到破产程序的约束了。其次，从对其他债权人的公平性分析，在进入破产程序后，债务人财产的范围是确定的，参与分配的债权人越多，清偿率越低，如某债权人未按期申报债权而不能参与分配，则其他债权人的清偿率必然有所提高。所以，在破产程序终结后对未按期申报债权的足额清偿并非对其他债权人不公平。第三，在重整计划中的清偿让步是参与破产程序的同类债权的债权人的意思表示，而非未申报债权人的意思，但是却强制性地要求其按他人的决定来清偿，这是不符合私法意思自治原则的。最后，如可归责于债权人的原因而未按期申报债权，有学者认为无形中使债务人清偿的债务增多了，但从另一方面讲该债权人其实还承担有风险。如果重整失败，破产程序转入破产清算程序，此时债权人再补充申报，则此前已进行的分配不再补充分配，还需承担相应补充申报的费用；如果到程序终结还未按期申报，则该债权人的债权就因债务人企业被注销而无法实现。一般来讲，风险和收益成正比，既然未按期申报债权人承担有风险，那对其债权就不能"打折扣"了。

综上所述，如重整成功，应该赋予未按期申报债权人就自己的全部债权向债务人主张自己债权的权利。但是为防止出现债权人都为提高清偿率而不申报债权，等重整成功再主张债权，而可能使债务人企业再次陷入破产程序，可以对这种情形下未按期申报债权人行使权利设置合理的条件限制。首先，能申报而不申报的债权人，不在破产程序中申报或补充申报债权的，在重整计划执行完毕后又要求清偿，人民法院可不予支持。其次，债权人在破产程序中申报债权可以起到中断诉讼时效的效力，凡是可归责于债权人的原因在破产程序中未按期申报债权的或在重整计划执行中未提出清偿要求的，诉讼时效当然不予中断。债权人在重整计划执行完毕后又要求清偿时如果超过诉讼时效，人民法院不予支持。总的来讲，就是可归责于自身的原因而未按期申报债权的，应承担未按期申报的不利后果，而对不可抗力造成的未按期申报则不应承担不利后果。

（三）破产和解程序中未按期申报债权的法律效力

债务人企业适用破产和解程序而终结破产程序的情形如下。

情形一：

破产和解申请 → 破产受理 → 和解期间 → 破产和解协议执行 → 破产终结

情形二：

破产清算申请 → 破产受理 → 和解期间 → 破产和解协议执行 → 破产终结

情形三：

破产和解申请 → 破产受理 → 和解期间 → 破产宣告 → 破产分配 → 破产终结

情形四：

破产和解申请 → 破产受理 → 和解期间 → 破产和解协议执行 → 破产宣告 → 破产分配 → 破产终结

破产法第一百条："经人民法院裁定认可的和解协议，对债务人和全体和解债权人均有约束力。和解债权人是指人民法院受理破产申请时对债务人享有无财产担保债权的人。和解债权人未依照本法规定申报债权的，在和解协议执行期间不得行使权利；在和解协议执行完毕后，可以按照和解协议规定的清偿条件行使权利。"可见，和解成功后未按期申报无财产担保债权的处理和重整成功后的处理一样。

在破产法中破产重整或和解成功,在破产程序中未申报债权可以按照重整计划或和解协议规定的清偿条件行使权利,即未依法申报的债权人在破产程序终结后可能获得的利益,不应该大于依法申报债权的债权人依照重整计划或和解协议可能获得的利益。立法中用"可以"表述,使得法律的执行力大大降低,对未申报债权人来讲,在这种情形下从自身利益最大化的角度出发,必然不会选择适用该条来满足债权,而是会选择民法或合同法等规定请求完全清偿。所以破产程序终结后,未申报债权按"破产程序中同类债权清偿条件行使权利"的立法规定,不仅理论上不合法理,而且在实践中也缺乏可操作性,因此,在最高人民法院对破产法进行解释的时候应该考虑这一点。

（四）自行和解情形下未按期申报债权的法律效力

立法明确规定了启动自行和解程序的开始时间,即债务人企业进行破产程序后,但是对自行和解程序启动的截止点未明确规定。前文已分析,由于该条规定在破产法第十章破产清算之前,按照法条的体系解释,自行和解程序启动的截止点应该是人民法院作出破产宣告的裁定之前。在从破产受理到破产宣告之前的任何时间点,都可以启动自行和解程序。

基于此,在自行和解程序中债权未申报的情况可有两种情形:一是在债权申报期限届满之前启动自行和解程序,致使一些债权人来不及申报债权;二是债权申报期限届满之后启动自行和解程序,这种情形下债权人可补充申报。如按期申报或已补充申报的债权人,在破产程序终结后受到和解协议的约束。而对未在破产程序中申报的债权则不受和解协议的约束,由于破产程序已经终结,相关主体已经不受破产程序的约束,因此其债权的清偿按一般的债权债务关系来处理。

四、担保债权未按期申报债权的特殊性分析

如前文所述,担保债权也应依法申报,逾期未报也将产生相应的未申报的法律后果。但是担保债权有其特殊性,如果担保权人在人民法院规定的债权申报期限范围内申报债权,那么该债权可按照常态下的破产程序行使权利,但是需要注意一些特殊情况。

（一）担保债权的补充申报

在补充申报的情况下,需要考虑的是如担保物在担保权人补充申报前已被管理人依法处分,那么担保权人的债权如何实现?有学者认为,在这种情况下,"由于作为原物权的标的物已被依法处分而消灭,原物权人的物权利也就消灭,该债

权人就成为普通债权人，只能按没有财产担保的普通债权处理，即该债权人补充申报的债权只能在债务人未分配的破产财产中按比例得到清偿。"该观点是有一定局限性的。按《中华人民共和国担保法》规定，担保债权在原物消灭后，还可以就该物的代位物作为担保财产。所以在担保权人补充申报债权前，管理人依法处分担保物的，则担保权人可就处分所得作为代位物行使别除权。

（二）未按期申报担保债权在重整计划执行完毕后的法律效力

按破产法的规定，在人民法院裁定认可破产重整计划之前，担保债权人若没有申报债权的，在重整计划执行阶段可补充申报但是不能行使相关权利，所以其只能在破产重整成功后向债务人企业请求清偿。但与普通无财产担保债权不同的是，担保债权可以就担保物优先受偿，而且往往是足额清偿。如果按破产法第九十二条的规定，则担保债权在重整成功后就可足额清偿。这样一来，对担保债权人来讲，债权申报与否对其利益无太大的影响，就有可能怠于申报债权，债权申报期限制度对其来讲就有名无实了。从担保债权人的角度考虑，如果不允许其在重整计划执行阶段行使权利，当担保财产在破产程序中被处分也无代位物的情况下，即使其在破产程序终结后可向债务人企业主张权利，但此时其担保权却因担保物的缺失而消灭，这对担保债权人的保护是不利的。因此，担保债权人未在人民法院确定的债权申报期限内申报债权的，应允许其在重整计划执行完毕之前补充申报，可以在重整计划执行期间对债务人处分担保物的行为提出异议，但是其担保权只能在破产程序终结后行使。如未补充申报，则在破产程序终结后如担保物依然存在，则按照破产程序中同类债权的清偿原则进行清偿，如担保客体已经消灭，则其债权转化为无财产担保债权，按照普通债权未申报的规则进行处理。

（三）未按期申报担保债权在破产和解程序中的法律效力

在破产法第一百条的效力只是基于和解债权人即无财产担保债权人未依照本法规定申报债权的情况，而有财产担保债权不受该条的约束。针对该条作相反推理，有财产担保的债权未依照本法规定申报债权的，在和解协议执行期间就可行使权利。因此，担保债权人在和解协议执行期间可补充申报债权，同时行使别除权。

在和解协议执行完毕后，未申报担保债权同样可行使自己的全部担保权。这样就出现一个问题，有担保债权在破产程序终结前补充申报，要承担补充申报的费用，如未补充申报，其仍然可以在和解成功后向债务人企业主张行使自己的担保权，而且节省了补充申报费用。显然，对在人民法院确定的债权申报期限内的担保权人来讲，出于维护自身利益的最大化考虑，就会选择不补充申报。这样债权申报制度的目的就会落空，所以借鉴上文担保债权在破产重整成功后的法律效力的分析，在和解执行完毕后，如担保物依然存在，则按照破产程序中同类债权的清偿原则进行清偿，如担保客体已经消灭，在破产程序中未申报的担保债权按照无担保债权处理。

五、未按期申报债权诉讼时效的计算效力

按法律规定，诉讼时效届满，债权成为自然债权，就无法律强制力，所以未按期申报债权的债权人最终债权能否得到清偿，还需考虑的一个因素就是诉讼时效。由于诉讼时效的延长是由人民法院根据具体个案行使自由裁量权决定的，所以在此就不论述。下面主要对申报债权是否对诉讼时效中断的影响进行论证。

诉讼时效的中断是诉讼时效进行中，当发生权利人提起诉讼、当事人一方提出要求或者债务人同意履行义务等情形时，诉讼时效期间将重新起算，已经经过的时效期间归于无效。在破产法中对诉讼时效的中断未作规定。2008年最高人民法院的《关于审理民事案件运用诉讼时效制度若干问题的规定》第十三条第三项规定："人民法院应当认定申请破产、申报破产债权与提起诉讼具有同等时效中断的效力。"因此，在破产程序中，引起未按期申报债权在破产程序中诉讼时效中断有申请破产和申报破产债权两种情形。

（一）债权人提起破产申请

按破产法的规定，债权人在不能清偿其到期债务时，可向人民法院提起债务人企业破产清算或破产重整的申请。提起破产申请是债权人主张自己债权的一种方式，因此，自人民法院裁定受理破产申请时，可发生诉讼时效中断的效力。但是如果破产申请未受理，则不发生中断的效力。在破产程序启动后，提起破产申请的债权人的债权诉讼时效重新起算，但是债权人并不能因其提起破产申请而必然能够参与破产程序，其也需要依法申报债权。因此，如果债权人提交破产申请后又按期申报债权的，则其债权的诉讼时效在其申报债权之日起重新起算；如果债权人在提交破产申请后未依法申报的，则其债权诉讼时效只能从提起破产申请之日起起算。

（二）债权人申报破产债权

申报债权是属债权人提出清偿要求，表明债权人积极地行使权利，因此经审查符合申报条件的，自债权人申报破产债权时起发生诉讼时效中断。但如债权人申报破产债权后撤回破产债权申报的，债权人申报破产债权的行为不发生诉讼时效中断的效力。据此，债权人未按期申报债权的，其债权不能产生诉讼时效中断的效力，但如其补充申报，则从补充申报之日起诉讼时效中断。

第三节 债权的审查及异议处理

破产债权的审查，是指管理人对申报的债权是否符合破产债权申报规则以及其性质、数额等进行审查分析的一种程序。债权人向管理人申报债权后，对于债权的债权性质、债权数额、债权有无财产担保、担保物价值预计是否足以清偿担保债权等事实，均不以债权申报为准，必须经过法律规定的管理人审查、债权人会议核查程序并经人民法院裁定确认后，才能确定成破产债权，享有参与破产程序，在破产程序中受偿的权利。因此破产债权审查是破产债权申报后进行债权确认前的必经程序，其目的在于对申报的债权进行查证，确认债权有效成立的事实，以便对财产进行公平分配。

一、破产债权审查的主体

关于破产债权审查的主体，世界上的立法模式主要有三种。

第一种立法模式：法院制。该模式下由人民法院负责对申报的债权进行审查确认，即债权事实由人民法院查明，确认其效力。以日本破产法为代表[1]。

第二种立法模式：债权人代表和法官监督制。该模式下由专业的债权人代表在法院的监督之下进行债权审查。以法国破产法为代表[2]。

第三种立法模式：债权人会议制，即以我国1986年的《中华人民共和国企业破产法（试行）》为代表。该法第十五条明确规定负责债权审查和确认的机关是债权人会议。

我国现行破产法改变了破产法（试行）的规定，将债权审查分为两个步骤：依照破产法第五十七条之规定，先由管理人对依法申报的债权进行初步审查，登记造册并制作债权表；依照破产法第五十八条之规定，再由债权人会议对管理人编制的上述债权表进行核查，并由管理人向债权人会议报告初步审查意见。在此

---

[1] 日本破产法第一百一十六条第一款规定："法院依照后述规定的破产财产管理人编制的确认书以及破产债权人以及债权人提交的书面争议，进行破产债权的审查。"
[2] 法国85-98号法律第五十条，将破产管理人的职责进行划分，将其划分为司法管理人和债权人代表。其中债权人代表由专业人士担任，而不是由债权人担任。

阶段，异议债权人可以通过债权人会议或单独向管理人提出异议。

从现行破产法规定的基本精神来看，虽然仍保留了破产法（试行）中债权人会议参与破产债权审查的主体资格，但很明显破产债权审查的主要工作或者核心工作已转交给了管理人，而且从实务中也可以看出对于债权登记表的制作，对于债权证明材料的审查等都是由管理人负责的，此时债权人会议只是在程序上对管理人审查的劳动成果进行核实，提出异议等，并非对债权进行全面审查。因此管理人审查才是破产债权审查程序中的核心，而根据实务中对管理人债权审查的经验总结，此环节又可分为三个阶段。

（一）第一阶段：由管理人对破产程序中已申报的债权进行统计，并制作《债权申报统计表》

管理人负责债权申报工作，在接收到债权人的债权申报材料后，管理人需要结合债权人的申报情况依法对已申报的债权进行初审，同时制作《债权申报统计表》。《债权申报统计表》应当记载债权人名称、申报债权数额及申报证据、有无财产担保、债权发生概述等。该阶段管理人主要是进行形式上的审查。

（二）第二阶段：由管理人对破产债权进行审查复核，并制作《债权审查结果确认书》

根据提交的材料进行初审，该阶段属于对债权的实质审查。管理人需要对每一笔申报的债权逐一进行调查和审核。该阶段管理人的审查应当将角色定位为"法官"，需要对债权的真实性、合法性、有效性等进行全面的审查。审查的规则注意要依法依规确定。该阶段需要形成的审查材料是《债权审查确认表》及发给债权人的《债权审查结果确认书》。管理人在该阶段的工作要注意全面记录债权信息，保存工作底稿，并归纳及总结出该债权存在问题及初步审查意见，以便为第二阶段审查复核做好准备。管理人应当对逐笔债权提出审查意见并载明审查依据及沟通过程；对于个别无法定性或者债权构成复杂的、债权金额较难认定的债权，管理人应当联络债权人进一步补充申报资料。

根据《债权审查确认表》的初步审查结果，管理人应当对逐笔债权制作《债权确认通知书》，载明申报债权金额、管理人审查金额、审查意见，并将《债权确认通知书》书面通知债权人。如债权人仍有异议的，管理人应当告知债权人有权在第一次债权人会议上提出书面异议或依法向人民法院提起诉讼。

（三）第三阶段：由管理人对破产债权进行审查复核确认，并形成供债权人会议核查的《债权表》

管理人根据《债权审查结果确认书》的记载，及债权人对《债权审查结果确认书》的确认或反馈意见进行复查，编制并最终形成《债权表》，作为管理人债权审查的书面文件，提交债权人会议核查债权。《债权表》应当记载债权人名称、申报债权金额、审查债权金额、有无财产担保、备注说明等事项。《债权表》是管理人经债权审查确认后对《债权审查表》的细化，应尽可能简明、翔实反映管理人债权审查结果，供债权人会议核查。

为便于债权人会议核查债权，从实务角度考虑，管理人应就每一笔债权出具债权核查意见，主要做法包括：

（1）在债权表中直接列明债权基本情况及核查意见；

（2）在债权表后附每一笔债权基本情况及核查意见。

此外，根据破产案件的不同情况及管理人对分类债权审查的结果，《债权表》的形式可以适当变化。在破产清算案件中，若破产债权简单、明确，可以通过一张总表的形式反映；在破产重整案件中，根据破产法分组债权表决程序的需要，可以在总表基础上，细化分出《普通债权表》《有财产担保债权表》《无表决权组债权表》《劳动债权表》等若干债权附表。在债权分类基础上，明确不同类别组债权审查结果。

二、管理人对破产债权审查确认的性质

关于管理人的审查到底是形式审查还是实质审查在理论上有争议，但是在实践中其实很明确。理论上认为管理人的债权审查为形式审查，主要是从管理人的审查结果的效力方面出发确认的，管理人审查确认的债权并不具有法律效力，还需要经过债权人会议的核查和人民法院的确认才能发生在破产程序中的债权效力。但是从法律规定和破产实务中看，笔者认为管理人对破产债权具有实质的审查确认权，不能以人民法院的最终确认权为由，否认管理人的实质审查权，理由如下：

首先，结合破产法的规定分析，破产法明确规定了管理人负责债权申报和审查的职责，并且对相关工作进行了专条规定。我国新破产法第五十七条规定："管理人收到债权申报材料后，应当登记造册，对申报的债权进行审查，并编制债权表。"其中，"登记造册"是对申报材料的接收和统计，而"审查"则是需要对债权人申报材料的全面核实和调查。且破产法规定的债权人会议的核查权是建立

在管理人的审查基础之上,重在"核实",而债权人会议的"核"主要是对他人债权的异议,对于自身债权在管理人的债权审查调查时就已经进行了确认。人民法院对债权属于"确认",根据文义解释,是对一种结果的法律认可,因此并不主动地进行调查。基于以上分析,管理人对债权的审查必然是实质性审查,才能确保债权人会议核查和人民法院确认的依据的精准性。

其次,从破产实务上分析,债权人会议的成员为债权人,债权的认定工作专业性极强。债权人会议也无法在有限的单元时间内进行专业性的认定。实践中,债权人只是结合管理人的认定结果,结合自己了解的线索或情况提出异议。毕竟是他人之间的债权债务关系,其他债权人也无法获知更多的真相。破产案件债权人众多,实质的审查工作也不能由法院承担,一个债权的审查如同审理案件,在实践中法院根本无精力承担如此繁复冗长的工作,即便法院有能力顾及于此,也有浪费司法资源之嫌疑。

最后,管理人有能力进行实质性审查工作。现行破产法规定,管理人一般应从律师事务所、会计师事务所等具有专业知识能力的中介机构中选任。一是这些机构属于中立机构,能够客观、公正地审查债权;二是管理人都是专业机构,有能力承担实质审查工作。

综上所述,笔者以为管理人的审查应当是实质审查,不仅合法而且合理,并且更具有科学性,这样不仅避免了直接以债权人会议审查的结论作为基础而可能引起内部矛盾,更是以管理人自身的专业判断提高了债权审查的质量与工作效率,本质上维护了全体债权人的利益。其审查需要结合法律规定进行;同时,管理人在审查中与法官也有所区别,在破产程序中管理人的审查更具有主动性,如通知债权人及时申报债权、指导债权人申报债权、证据补正等,尽可能地在破产程序中解决债务人企业的所有债权债务问题,避免后遗症发生。

三、破产债权审查的内容

前文已述,管理人的债权审查不仅仅是形式审查,更重要的是要进行实质审查,因此债权审查的内容须包括审查申报债权是否符合法律要求、债权是否有效、是否符合破产债权的条件、债权的性质、数额和发生原因等。实务中通常从申报债权的真实性、合法性和时效性等进行全面审查:真实性审查,管理人应当就债权人申报的债权是否真实存在进行审查,特别应注意申报债权是否属于"虚构债务或者承认不真实的债务"情形;合法性审查,管理人应当就债权人申报的债权是否符合法律规定及合同约定进行审查；时效性审查，管理人应当就债权人申报的债权是否存在超过诉讼时效等情形进行审查。

破产债权审查的内容具体包括：

（1）债权应当有充分、确实证据证明。凡债务人财务资料无记载的或债权人提供的其他证据不充分的，无法查明事实的均不应确认。

（2）债权应当是具有可执行力的债权。凡超过诉讼时效或执行时效的，又无时效中断或中止证据的，均不应确认。

（3）债权申报数额认定时，利息计算到破产受理日止。

（4）债权申报为外币时，以破产受理日市场汇率中间价为准进行折算。

（5）申报债权时但未明确提出利息数额的，按其约定的合法利率或中国人民银行同期贷款利率计算。

（6）申报债权时未申报应付利息和违约金的，可推定其放弃申报。

（7）银行同期贷款利率的计算，每年按365天计算，在该期间内中国人民银行公布的基准利率有变动的，分期计算。

（8）对债务人的特定财产享有担保权的债权，除审查其担保是否合法成立外，应重点审查提供担保是否有本指引规定的可以依法撤销的情形、债权金额是否存在超过担保财产价值的情形，超过部分作为普通债权处理。

（9）附期限的债权，视为破产宣告时已到期，作为破产债权申报。但附终期的债权应不予认定。

（10）债权人申报的债权不是以金额计算的，管理人可以按市场价值确认其债权金额。

四、破产债权审查的具体方法

关于债权审查，现行破产法未规定具体的审查方法，通过对管理人实务经验的总结，管理人一般通过以下方式对申报债权进行全面审查：

（1）对债权人提交的债权申报材料与原件进行核对；

（2）证据材料保存在政府有关部门的，管理人可向有关政府部门调查核实；

（3）要求债务人提供与申报债权相关的财务资料及档案材料；

（4）聘请会计师就申报债权相关的财务资料进行审计和调查；

（5）要求债务人通过自查方式提交债权审查意见；

（6）有必要时可以向债务人的法定代表人、企业管理人员、财务人员进行必要的询问，并制作询问笔录；

（7）要求债权人提供补充资料及书面说明；

（8）向债权人进行调查和询问，并制作调查和询问笔录；

（9）要求债权人与债务人进行对账；

（10）有权向有关部门和单位发出《征询函》。

总之，管理人审查债权的方式方法应灵活运用，根据不同的情况采取不同的调查手段，不能仅限于纸面审查，对于存在的有客体的或者有履行标的的，需要进一步查验和核实。

五、债权的审查结果及异议处理

我国破产法第五十七条规定："管理人收到债权申报材料后，应当登记造册，对申报的债权进行审查，并编制债权表。债权表和债权申报材料由管理人保存，供利害关系人查阅。"管理人在对债权进行初步审查后，要及时地向申报债权人发出初步审查结果通知，同时制作债权表保存及供查阅，同时提交债权人会议核查。

债权人对管理人的初步审查结果有异议的，或者对债权表中其他人的债权有异议的，都可以向管理人提出异议，要求管理人进行更正，管理人不予更正的，债权人可以向人民法院提起债权确认之诉。

（一）异议提出主体

根据破产法的规定，异议主体为债权人、债务人。债权人既可以对自己的债权审查提出异议，也可以对其他债权人的债权提出异议。债务人提出异议主要是基于负债认定导致债务负担加重而对债权提出异议。实践中，主要集中于债权人异议。

（二）债权确认之诉的诉讼主体

债权确认之诉的诉讼主体因异议内容的不同而有差异。债务人对债权表记载的债权有异议，要将被异议债权人列为被告。债权人对债权表记载的债权有异议的，如对债权表记载的他人债权有异议的，应将被异议债权人列为被告；如对债权表记载的本人债权有异议的，应将债务人列为被告。对同一笔债权存在多个异议人的，其他异议人申请参加诉讼的，应当列为共同原告。实践中，经常出现将管理人列为被告的情形，因诉讼主体错误会影响诉讼进程。

（三）债权确认之诉受仲裁条款或仲裁协议约束

债权确认之诉管辖法院为破产受理法院。但是需要注意的是，如果当事人之间在破产申请受理前订立有仲裁条款或仲裁协议的,该仲裁协议在债权确认之诉中也属于有效的,此时应当向选定的仲裁机构申请确认债权债务关系。

(四)债权异议程序

债务人企业一旦进入破产程序,债权的所有主张及清偿都需要依据破产法的规定动作进行。依据破产法的规定,对债权有异议的需要先向管理人提异议申请,经管理人解释或调整后,异议人仍然不服的,或者管理人不予解释或调整的,异议人才有权向人民法院提起债权确认的诉讼。

1. 向管理人提出异议为债权确认之诉的必经前置程序

破产法司法解释三对债权异议程序进行了规定,债权确认之诉的"前置程序"是向管理人提出异议。也即对债权有异议不能直接向人民法院提起确认诉讼,而是先在程序内由管理人进行处理,在管理人解释或调整后仍有异议或者管理人不予解释或调整的,异议人才可向法院提起债权确认之诉。实践中,有债权人对债权确认结果无异议或者有异议但是未经管理人处理程序而直接向人民法院提起诉讼的,对此人民法院应当不予受理。

笔者认为这种"前置程序"是有必要且有效的。债权异议主要是对管理人的审查结果的不予认可,因此可以直接向管理人提出异议内容,由管理人先进行核实,如确有错误管理人直接进行纠正,这样效率高、成本低。该方式并不会影响异议人的权利行使,管理人的解释和处理结果仍有异议的,异议人依然有权利向人民法院寻求司法救济。

2. "债权人会议核查结束后十五日内"的异议时限

根据破产法司法解释三的规定,异议人需在债权人会议核查结束后十五日内提出债权确认诉讼。该规定有两个时间节点,一是债权人会议核查结束点,另一个是核查结束十五日内。

债权人会议名为"会议",实为破产程序中的债权人的一个议事机构,是由所有依法申报债权的债权人组成,以保障债权人共同利益为目的,为实现债权人的破产程序参与权,讨论决定有关破产事宜,表达债权人意志,协调债权人行为的破产议事机构。因此债权人会议的债权核查不是通过会议方式的核查,而是该议事机构对债权的核查。该核查工作实践中呈现多种方式,会议集中核查、债权人书面核查都可以。可以在第一次债权人会议核查,也可能在第二次债权人会议核查。需要说明的是,对于有异议但管理人认为不应调整的债权,也应当列入新的债权表并重新提请核查（可备注不予调整的理由），以保障异议人提起债权确认之诉的权利。

实践中一般都会在第一次债权人会议上对参会债权人提供及披露债权申报及管理人对债权的初审情况，提供债权初审表供债权人查阅和核查。债权人会议债权核查节点可以由管理人根据案件的具体情况确定。一旦核查结束则十五日也能够有明确的起算点。在此还需要探讨的是：

异议前置程序是否影响十五日时限。部分学者担心认为将向管理人提出异议作为债权异议处理的"前置程序"会压缩甚至错过十五日的起诉期限，实际上这种情况是不存在的，因为"债权人会议核查结束后十五日内"的起算点并不是第一次债权人会议结束，而是管理人调整债权后重新核查程序的结束。对于有异议的债权，异议人可以向管理人说明理由和法律依据，管理人调整后制作新的债权表并重新提请核查，如重新核查无异议，管理人则提请法院裁定确认，如重新核查后仍有异议，异议人可在重新核查结束后的十五日内提起债权确认之诉。

在债权人会议核查之前或者超过十五日时效提起债权确认诉讼是否支持。实践中，"管理人在对债权进行审查后，就会向债权人出具债权确认通知书，债权人接到通知书后如果有异议就会向管理人提出异议，管理人会对债权人的异议给出处理意见。如果债权人对异议结果不认可，则就具备了提起债权确认诉讼的前提，没有必要再等待债权人会议核查后再提起。该规定的十五日既非诉讼时效也非除斥期间"，因此无阻却异议人提起债权确认之诉的效力。即使超过十五日，异议人提出异议，管理人依然要接收并处理，人民法院也不能以超过时效不予受理。如此分析，破产法司法解释三规定的十五日效力何在？破产法不仅仅强调公平，因其是集体清偿程序，因此效率也是程序价值之一。如果没有任何时限限制，必然会影响程序效率。该时限虽然不能产生债权确定效力，但应当承担没有及时提起的不利后果。如异议债权依然按照管理人确认结果行使相关权利。

第四章　破产程序中债权人的权利行使与保护

债务人企业进入破产程序后，围绕该企业的所有债权债务关系皆在破产程序中一揽子解决，债权人的债权清偿也只能在破产程序实现。破产法围绕着债权人的清偿利益设计了一系列的保障措施，赋予债权人相应的权利，以维护其合法权益，保证破产程序中的清偿利益。但是实践中债权人在破产程序中的权利行使较为弱化，因此有必要对其权利进行梳理，同时对其权利的有效行使方式、途径、救济方式等进行提示和说明，以落实破产立法本意。

第一节　破产程序中债权人的权利清单

一、破产申请权

根据破产法的规定，债权人在债务人企业不能清偿到期债务时有权向人民法院提起破产申请，对债务人企业进行清算而宣告破产或者申请债务人企业破产重整。换个角度讲，当债务人为企业法人时，其不能清偿到期债务时，债权人除了常态的通过民事诉讼或仲裁寻求权利救济外，还可以选择适用破产程序来实现债权。

破产程序内的清偿属于全体债权人的公平，而且往往需要债权人的让步，清偿率会大打折扣，因此债权人申请债务人破产是在通过民事执行程序无法满足债权情形下的不得已而为之的选择。不过也应当看到破产程序的优势，解除查封、中止执行、集中管辖、个别清偿的撤销、无效财产的追回等都是常态下的民事执行行为无法实现的效果。这些理由可以成为债权人破产申请的考量因素。

债权人向人民法院提交申请后，如人民法院裁定不予受理的，或者进入程序后驳回申请的,我国破产法给予其救济方式,债权人有权向上一级人民法院提起上诉,但要注意时效限制,需要在收到裁定之日起十日内及时提起。

二、申报债权权

人民法院受理破产申请时对债务人享有债权的债权人,应当依照破产法的规定通过申报债权的方式参与破产程序中。可以说申报债权是债权人在破产程序这个特别程序中主张债权的唯一方式。但是,是否进行债权申报是债权人独立意思表示的结果,是对自身权利的处理,因此是否申报法律是不予干预的。

债权人申报债权后,管理人将会进行初步审查,并出具债权审查确认书。债权人如有异议,有权向管理人说明理由和法律依据后要求管理人予以解释和更正。债权人如对解释不予接受或者管理人不予更正的,有权向人民法院提起债权确认之诉①。但是需要注意债权确认之诉的提起时限。债权在破产程序中的确认需要三步走:管理人审查—债权人会议核查—人民法院裁定确认。债权确认之诉是在人民法院裁定确认之后才能提起还是审查、核查有异议无法解决时都能提起?这也是一个需要明确的问题。根据破产法第五十八条规定,债权表是管理人根据审查结果进行编制的,同时要提交债权人会议核查,这两个步骤中都无异议的,人民法院才能予以裁定确认。据此,债权确认之诉可以在两个环节提起:一是对管理人的审查结果的异议,主要是针对对已债权;二是对债权人会议核查结果的异议,主要是对其他债权的异议。如果对审查结果未及时提出异议,后又在核查中提异议的是否认可?理论上是可以的,债权的审查和核查都只是私主体对债权的真实性、合法性、有效性的一个调查,在人民法院裁定认可产生司法效力之前应允许债权人对债权的认定进行异议。具体的债权异议程序在第三章中已经有论证,在此不再赘述。

三、知情权

因破产程序中的任何一个法律动作都直接和债权人利益息息相关,因此破产法赋予了债权人对破产程序中相关信息的知情权。在破产程序中,债权人的知情权主要是通过监督权和查阅权来实现的。不涉及商业秘密、隐私、技术秘密等事项,债权人有权要求管理人或者债务人企业进行披露和对相关材料进行查阅。

---

①最高人民法院关于适用《中华人民共和国企业破产法》若干问题的规定(三)第八条是对债权异议程序的规定。债务人、债权人对债权表记载的债权有异议的,应当说明理由和法律依据。经管理人解释或调整后,异议人仍然不服的,或者管理人不予解释或调整的,异议人应当在债权人会议核查结束后十五日内向人民法院提起债权确认的诉讼。当事人之间在破产申请受理前订立有仲裁条款或仲裁协议的,应当向选定的仲裁机构申请确认债权债务关系。

最高人民法院关于适用《中华人民共和国企业破产法》若干问题的规定（三）[①]明确了债权人的查阅权。明确指出债权人单体就可以向管理人提出查阅相关材料的要求，包括但不限于债务人财产状况报告、评估报告、审计报告、债权人会议决议、债权人委员会决议、债权人申报材料、管理人监督报告等参与破产程序已经影响债权人权益的债务人财务和经营信息资料。管理人有义务予以配合，如无正当理由不予提供的，债权人可以请求人民法院作出决定，寻求司法救济。

笔者需要指出的是查阅权的行使也是有限制的：一是查阅的对象是参与破产程序所必需的债务人财务和经营信息资料，因此债权人提出查阅请求时需要说明理由以判断是否必需；二是如果涉及商业秘密的或者国家秘密的，还需要斟酌行使，这是需要承担保密义务或者签署保密协议的，一旦出现泄漏，将会承担相应的责任。

四、参加债权人会议行使表决权

债权人会议是债权人在破产程序中形成共同意思表示的机构，依法申报的债权人有权参加债权人会议并行使相应的表决权。债权人表决权的行使需要注意以下几个方面：

（1）担保债权人表决权的行使受到一定的限制。在破产分配和破产和解协议草案的表决时，担保债权人是无表决权的。因为这两个决议不涉及担保债权人的债权清偿利益，无须其参与表决，不影响其利益维护。

（2）职工债权人是无表决权的。依据破产法的规定，在程序上债权人会议以及债权人委员会组成上必须要有职工代表参加，但是对具体事项无表决权，仅有就有关事项发表意见的权利。当然，虽然无表决权，但是职工的意见必须得到回应，对于合法、合理的建议予以接受和采纳。

（3）临时表决权的确定由人民法院决定。在人民法院没有对债权进行确认之前，已申报的债权是没有司法属性效力的，其是无法享有表决权的。但是实践中尤其是第一次债权人会议召开时需要核查债权，甚至有的破产案件需要表决具体事项，因此人民法院将会依据管理人的债权审查结果决定给予债权人临时表决

[①] 最高人民法院关于适用《中华人民共和国企业破产法》若干问题的规定（三）第十条明确规定单个债权人有权查阅债务人财产状况报告、债权人会议决议、债权人委员会决议、管理人监督报告等参与破产程序所必需的债务人财务和经营信息资料。管理人无正当理由不予提供的，债权人可以请求人民法院作出决定；人民法院应当在五日内作出决定。上述信息资料涉及商业秘密的，债权人应当依法承担保密义务或者签署保密协议；涉及国家秘密的应当依照相关法律规定处理。

权。债权人也应积极争取，向人民法院申请临时表决权。目前实践中，很多破产案件并没有对第一次会议的表决权进行临时确定，直接导致程序上不符合法律规定，如果涉及具体事项的表决将存在极大的决议撤销风险，管理人及人民法院应当给予充分的重视。

五、债权人会议召开提议权

依据破产法的规定，第一次债权人会议属于法定会议，但是之后的债权人会议的召开需要相应的主体提议召开，依据破产法第六十二条第二款的规定，以后的债权人会议，债权总额占四分之一以上的债权人是有权向债权人会议主席提议召开的。该条只对提议召开的债权人的债权占比进行了规定，而未对提议人的债权性质及提议债权人人数进行明示，因此无论其债权是否有担保，还是职工债权，抑或是税款债权，提议人数的多寡，只要累计债权额占债权总额的四分之一即满足提议条件。该项权利的行使注意两个方面：一是需要向债权人会议主席提议；二是一般需要说明会议议题以评价是否有召开的价值。

六、违法决议撤销权

债权人会议的决议实行多数决，因此会存在损害部分债权人利益情况，因此破产法对此进行了救济。破产法第六十四条规定"债权人认为债权人会议的决议违反法律规定，损害其利益的，可以自债权人会议作出决议之日起十五日内，请求人民法院裁定撤销该决议，责令债权人会议依法重新作出决议"。破产法司法解释三第十二条进一步进行了具体指导，"债权人会议的决议具有以下情形之一，损害债权人利益，债权人申请撤销的，人民法院应予支持：（一）债权人会议的召开违反法定程序；（二）债权人会议的表决违反法定程序；（三）债权人会议的决议内容违法；（四）债权人会议的决议超出债权人会议的职权范围。人民法院可以裁定撤销全部或者部分事项决议，责令债权人会议依法重新作出决议。"

债权人申请撤销债权人会议决议的属于要式行为，应当采用书面申请。对于债权人来讲，要注意异议时限为债权人会议作出决议之日起十五日内，超过该时限就丧失了该项权利。当前很多破产案件中债权人会议采用通信、网络投票等非现场方式进行表决的，债权人申请撤销的期限应当从债权人收到通知之日起起算。

七、债权人委员会设立、成员的选举、更换权

债权人委员会作为债权人会议的常设机关，代表债权人行使债权人会议的部分职权，维护债权人利益。债权人委员会非债权人会议的必设机构，是由债权人会议决定是否成立的。如果债权人会议决定成立债权人委员会，破产法第六十一条赋予了债权人选任和更换债权人委员会成员的权利。需要注意的是，债权人委员会的组成人数及人员结构上应当由符合法律规定，成员一般不超过9人，其中必须要有一名职工代表或者是工会代表，其他成员理论上应当由各种不同类型债权人综合衡平分布，而且还要考量其债权数额、在债权人中的号召力等。债权人委员会成员的工作成效和态度直接影响债权人的利益，因此债权人应在对相关人员充分了解的基础上谨慎选择或更换。

八、管理人更换权

由于管理人的工作实效与债权人的利益息息相关，因此在管理人出现不宜于担任管理人或者不适格的情况下，债权人有权向人民法院申请更换。对此破产法第二十二条[①]、《最高人民法院关于审理企业破产案件指定管理人的规定》第二十六条[②]、第三十三条[③]、第三十四条[④]对债权人申请管理人的权利进行了规定。债权人能够申请更换管理人的情形主要有："（一）中介机构管理人的执业许可证或者营业执照被吊销或者注销；个人管理人执业资格被取消、吊销。这种情形下是丧失了担任管理人的专业资格，理应不能继续担任管理人。（二）中介机构管理人出现解散、破产事由或者丧失承担执业责任风险的能力。（三）与本案有利害关系。（四）履行职务时，因故意或者重大过失导致债权人利益受到损害。（五）个人管理人失踪、死亡或者丧失民事行为能力。（六）因健康原因无法履行职务。（七）有本规定第二十六条规定的情形。"

当然需要指出的是，由于我国管理人是由人民法院指定，债权人对管理人仅

---

①根据破产法的规定，我国破产案件的管理人由人民法院指定。债权人会议有申请更换权，债权人会议认为管理人不能依法、公正执行职务或者有其他不能胜任职务情形的，可以申请人民法院予以更换。
②社会中介机构或者个人有重大债务纠纷或者因涉嫌违法行为正被相关部门调查的，人民法院不应指定该社会中介机构或者个人为本案管理人。
③《最高人民法院关于审理企业破产案件指定管理人的规定》第三十三条对更换管理人的情形进行了规定，社会中介机构管理人有下列情形之一的，人民法院可以根据债权人会议的申请或者依职权径行决定更换管理人：（一）执业许可证或者营业执照被吊销或者注销；（二）出现解散、破产事由或者丧失承担执业责任风险的能力；（三）与本案有利害关系；（四）履行职务时，因故意或者重大过失导致债权人利益受到损害；（五）有本规定第二十六条规定的情形。清算组成员参照适用前款规定。
④《最高人民法院关于审理企业破产案件指定管理人的规定》第三十四条对个人管理人的更换情形予以了明确。个人管理人有下列情形之一的，人民法院可以根据债权人会议的申请或者依职权径行决定更换管理人：（一）执业资格被取消、吊销；（二）与本案有利害关系；（三）履行职务时，因故意或者重大过失导致债权人利益受到损害；（四）失踪、死亡或者丧失民事行为能力；（五）因健康原因无法履行职务；（六）执业责任保险失效；（七）有本规定第二十六条规定的情形。清算组成员的派出人员、社会中介机构的派出人员参照适用前款规定。

是更换权，具体是否更换依然是由人民法院来自由裁量决定。债权人在向人民法院提更换申请时，须提供充分的证据证明管理人未勤勉尽责或者不宜于继续担任管理人。

九、程序转换申请权

在破产程序中符合法定条件下，债权人可以请求发生程序内的子程序转换。主要是以下三种情况：

（一）重整期间债务人企业财产恶化或者主观恶意

重整的目的是拯救企业，从而使得债权人的清偿率提升，但是如果出现债务人的经营状况和财产状况继续恶化，使得债务人企业缺乏拯救的可能性，继续程序将会增加成本，使得债务人财产减少，直接影响债权人的清偿利益，因此需要及时止损，债权人有权向人民法院请求对债务人企业进行破产宣告，使程序转入破产清算程序。另外，重整的顺利进行往往是债权人的让步，且对债权人的权利进行了诸多的限制，对于债务人来讲应当秉承善意积极重整经营，债务人一旦出现欺诈、恶意减少债务人财产或者其他显著不利于债权人的行为，很明显违背诚信原则，在此情形下，破产法赋予债权人程序更换请求权，宣告债务人破产，既是对债务人恶意行为的制裁，也是及时保障债权人利益的迫切需要。如由于债务人的行为致使管理人无法执行职务的，如同病人不配合医生治疗，很显然会严重影响重整的效率和效果，对此破产法的态度很明确，债权人也可向人民法院请求程序转换，以极快实现自身债权。

（二）债务人不能执行或者不执行重整计划的

重整计划是债务人企业和债权人达成的偿债协议，一旦通过，债务人企业应当按照重整计划的内容积极清偿，如不履行，必然会使得债权人的债权落空。不论是客观的不能执行还是主观的不执行，其结果是损害债权人利益，企业的重整无法继续，因此，债权人可请求人民法院裁定终止重整计划的执行、宣告债务人破产。

（三）债务人不能执行或者不执行和解协议的

同上，债务人不能执行或者不执行和解协议的，债权人可请求人民法院裁定终止和解协议的执行、宣告债务人破产。但是和重整程序的区别在于，在此情形下的转换申请权仅限于和解债权人，即无财产担保的债权人。

债权人在程序内的转换申请权仅限于向清算转换，一旦转换后会带来一系列的法律后果，已受偿的依然可以保持受偿利益，但是未清偿的债权则须回归破产程序重新进行核算受偿。为体现对债权人的公平，对于已经部分受偿的债权人，其需要进行等待分配，只有清偿率和其他债权人一致时才有权继续参与分配。

十、核查债权权

破产法明确规定债权确认程序中的第二步由债权人会议对债权进行核查，其目的一是通过债权人相互间的核查，能够进一步防止不实债权或者无效债权的出现。从市场主体间的交易关系网来看，往往债权人之间也都存在一定的联系，其基于债权需要也会对债务人的负债情况进行关注和了解、调查，其也会掌握一定的信息。因此债权人会议核查其实也是确认债权真实性、有效性、关联性的一种有效手段。二是破产程序中的债权清偿其实是全体债权人在对债务人财产"蛋糕"的分配，核查就是债权人对与自己一同参与分配蛋糕之主体的一种认可（允许），因此也是民事上的私权自治的体现。由于债权数额、债权人数都直接影响债权人的清偿利益，债务人财产的"蛋糕"是确定的，参与分配比例增大，必然会影响清偿率，尤其是资不抵债的情况下。因此债权人一定要提升债权核查意识，不仅仅需要核查自身债权，更需要结合管理人的债权审查原则，对其他债权认真仔细地进行核查，以防止虚假不实或无效债权混迹其中，来分享"蛋糕"而损害全体债权人的利益。

债权人在核查债权时要重点关注以下几个点：

（1）有财产担保的债权。一旦确认某项债权是担保债权，就意味着该债权就特定财产享有优先受偿的权利。而实践中，企业进入破产程序后，大多数的重要财产都被设定了担保，普通债权的清偿率较低。因此，一定要认真核查其担保的真实性、有效性。比如担保合同的效力，是否属于可撤销担保行为等。

（2）与债务人有一定关联关系的债权，在破产实践中，债务人企业的关联企业、股东、法定代表人、债务人的董事、监事、高级管理人员、法定代表人的近亲属等主体可能会存在利用关联关系的便利条件虚构债务或者发生混同情形，对此债权人要格外关注。

（3）债务人为他人承担担保责任的债权。依据破产法的规定，债务人为他人承担担保责任的债权，在破产程序当中有权申报债权，但是对此有特殊规定。要注意的是债务人企业作为连带债务人，应当承担的责任范围。

（4）连带债权的核查。连带债权人可单独或多人申报，如多人申报，需要提示的是，其申报的债权不能超过连带债权总额。同时债务人如果在破产程序当中承担了担保责任，其享有追偿权。

十一、债权抵销权

抵销是债权债务关系消灭的一种方式，破产法中也承认抵销权，债权人有权将其对债务人负有的债务与其确认的破产债权直接进行抵销。实践中，破产案件债权人的实际清偿率完全清偿的概率极低，债权人如能够对债务人行使抵销权，直接效果是该债权人的债权的清偿率在抵销范围内为全额清偿，这对债权人的权益保护是显而易见的。对于债权人来讲，如在破产申请受理前对债务人负有债务，有权向管理人递交书面文件主张抵销。

由于抵销实现了实质上的"个别清偿"，为防止恶意创造抵销条件抵销，损害其他债权人的利益，破坏正常的破产秩序，破产法对破产抵销设置了禁止性情形：

（1）债务人的债务人在破产申请受理后取得他人对债务人的债权的；

（2）债权人已知债务人有不能清偿到期债务或者破产申请的事实，对债务人负担债务的；但是，债权人因为法律规定或者有破产申请一年前所发生的原因而负担债务的除外；

（3）债务人的债务人已知债务人有不能清偿到期债务或者破产申请的事实，对债务人取得债权的；但是，债务人的债务人因为法律规定或者有破产申请一年前所发生的原因而取得债权的除外。

破产法上的抵销权相对于民事上的抵销来讲限制相对宽松，对于债务的给付种类是否相同，清偿期限是否已经截止不再进行限制。抵销权必须在重整计划或和解协议提交表决前、破产分配分案提交表决前行使，否则执行期间提会影响程序进程，破产分配完毕再主张抵销也无任何意义。总而言之，债权人如在债务人企业破产受理前与其互负债务的话，应当积极地行使抵销权以最大限度地维护自己的权利。

十二、有特定担保债权人的别除权

别除权是破产法语境下的术语表述，大陆法系概念，起源于德国，是指在破产程序中对特定财产享有优先受偿权利的债权。因涉及的"特定财产"其清偿对象具有特定性，在破产程序中和其他财产应当有所区别从而得以界定。该权利非破产法独创，而是源于物权法的担保物权以及特别法规定的法定优先权等基础权利。

别除权行使需要满足以下条件：

（1）别除权的基础权利是合法的、有效的。且产生于破产受理之前，债权债务关系就已合法形成，成立且生效。

（2）别除权的客体限于债务人的特定财产，即只能是从属于债务人所有，已设置担保权或抵押权的担保物或抵押物，或者法定优先权指向的特定财产。如该财产属于第三人财产，债权人只能申报债权，可以就该财产正常的行使担保权，而不受破产程序的约束。

别除权的行使程序也有特别的要求：

（1）即使债权人享有别除权，其权利实现依然是以债权申报为前提，在申报时要按要求提供债权及担保的相关证据，只有在债权确认后才能行使该权利。

（2）别除权人在破产重整期间是暂停行使别除权的，除非向人民法院以不行使权利将会导致权利严重受损为由，人民法院许可后才能行使。

（3）如特定财产的价值不足以满足全部债权的，剩余的债权额将作为普通债权清偿。

（4）该权利是向管理人主张，而非债务人或人民法院。

破产案件中，担保债权人所享有的基本实体权利，就是获得其担保财产的价值。对于担保债权人而言，如何对担保物评估价值进行确认至关重要。目前司法实践中别除权人行使该权利备受关注及争议的问题是：在重整或和解中，别除权的财产价值的确定是以重整值还是清算值为准。别除权的客体往往是债权人企业的不动产或者重要的动产设备，其在评估中的重整值和清算值的差异是较大的。如果清算值能够实现债权的全覆盖，债权人的债权能够得到全额清偿则争议不大。但是一旦出现清算值无法实现债权的全覆盖，则究其按照何种标准予以确定成为管理人和债权人争议的焦点。理论上认为，在重整或和解中有利于债权人原则的判断是清偿率比清算程序高，因此依据清算值认定是合理的，假使企业处于清算程序其清偿率只能按照清算值计算。司法实践中大多数案件也是按照此标准执行。

实务中，管理人通过遴选等方式选定评估机构对债务人的资产包括担保物进行评估。评估机构一般会以法院裁定受理破产申请日为基准日，根据评估行业的准则对债务人的资产价值作出评估报告。评估机构对债务人的资产进行评估后一般会出具两份报告，一份是债务人持续经营状态下的资产评估报告，而另外一份是债务人破产清算状态下的资产评估报告。大多数重整案件中，管理人基本都会选取债务人破产清算状态下的资产评估价值作为判断担保物价值的依据。管理人依据担保债权人提交的证据材料,对其优先受偿的担保物的范围进行确定,最后根据评估机构作出的债务人破产清算状态下的评估报告确认担保物的评估价值。

管理人一般会将其对担保物评估价值初步确认的结果书面与担保债权人进行沟通。如果担保债权人有异议的话,担保债权人就需要与管理人进行协商处理。担保债权人对管理人审查确认的优先受偿的担保物的范围,同一担保物上存在多个担保物权优先受偿的顺位有异议的,管理人将根据《中华人民共和国民法典》及相关司法解释予以审核处理。如果担保债权人对评估机构评估的担保物价值有异议的,一般情况下评估机构不会更改评估报告,所以最终担保物评估价值变化的可能并不是很大。

实务中由管理人对担保物的评估价值进行确认是否合适?以清算价值而非营业价值来确定担保物的评估价值是否合理?担保债权人对管理人确定的担保物的评估价值存有异议的时候,企业破产法如何向其提供司法救济途径?为了解决诸如此类的问题,需要我国的企业破产法尽快建立起破产程序尤其是重整程序中担保物价值认定及异议解决制度。

十三、取回权

破产实务中,管理人接管财产是概括地接管,所有的在债务人企业占有的财产都应当要予以接管。在具体的财产类型、占有状态上、权利状态上是不加区分的。但是这就有可能会出现一种情况,在接管的债务人财产中,有属于他人权利的财产,也列入管理人的接管范围。而他人享有财产权利的财产是不能够作为清偿责任财产列入债务人财产范围的。真正的权利人权利有权行使相应权利予以取回。因此,取回权,实质上是民法上物权请求权在破产法上的特殊适用,因其处于破产程序中,因而采用"破产取回权"的术语表述。依据法律规定,取回权分为一般取回权和特殊取回权,其行使条件和方式有一定的区别,笔者从债权人角度对这两种类型取回权内容及行使进行分别分析。

(一)一般取回权

一般取回权,属于典型的取回权类型,具体内容是财产权利人向管理人主张取回债务人企业中的不属于债务人企业的财产。这也是在破产程序中相关权利人的主要权利之一,当然也有区别,该权利人的权利不属于债权,是不需要申报的。相关的权利人基于对相应财产的权利主张返还,这也是实体法上的权利在破产程序中的适用。根据《最高人民法院关于适用〈中华人民共和国企业破产法〉若干问题的规定（二）》第二条之规定："下列财产不应认定为债务人财产：（一）债务人基于仓储、保管、承揽、代销、借用、寄存、租赁等合同或者其他法律关系占有、使用的他人财产；（二）债务人在所有权保留买卖中尚未取得所有权的财产；（三）所有权专属于国家且不得转让的财产；（四）其他依照法律、行政法规不属于债务人的财产。"若债务人企业占有上列情形中的财产，则财产权利人有权向管理人主张取回。

取回权人主张财产取回是有一定的时间节点限制的。破产法第三十八条规定一般取回权的权利行使的时间起点为"人民法院受理破产申请后"，依此规定，在启动破产程序后，取回权人就可以行使取回权。只要该项财产存在，则理论上取回权人随时可行使权利。但是破产程序属于一个特殊程序，如果对取回权人的权利行使不加以时限限制，会对整个程序进程产生影响。因此破产法司法解释二第二十六条[1]规定了权利人行使取回权应当在"破产财产变价方案或者和解协议、重整计划草案提交债权人会议表决前向管理人主张取回权"。当然超过这个节点权利人行使取回权的，由于其实体权利依然存在，所以也不能否定权利，但是需要承担不利后果。依据第二十六条的规定权利人在上述期限后主张取回相关财产的，应当承担延迟行使取回权增加的相关费用，包括但不限于财产重新评估、审计等产生的费用，增加的管理人的处理成本等。

因企业进入破产程序后，所有的财产都由管理人接管或监督（自营），因此取回权的行使对象是管理人，权利人须向管理人进行主张，因涉及财产的减小，管理人需要对取回权人的取回主张进行审查。取回权人以书面形式向管理人提出申请，并提供相关的证据材料以证明取回权利事实。管理人对此的审查核心是权利人主体适格性以及取回是否符合合同约定，来确定是否准予取回。往往取回权行使的客体会涉及未履行完毕的合同，因此当权利人行使取回权时涉及未履行义务，如相关的加工费、保管费、托运费、委托费、代销费等费用未支付的，管理人就应当拒绝其取回相关财产。但是需要注意两种情况：一是如果取回权涉及双方均未履行完毕的合同，管理人需要依据破产法的规定决定是否继续履行，如果管理人决定继续履行，则取回权人是不能取回的，但是其可以要求管理人提供担

---

[1] 最高人民法院关于企业破产法司法解释（二）第二十六条规定权利人依据企业破产法第三十八条的规定行使取回权，应当在破产财产变价方案或者和解协议、重整计划草案提交债权人会议表决前向管理人提出。权利人在上述期限后主张取回相关财产的，应当承担延迟行使取回权增加的相关费用。

保。二是在重整期间，取回权人的权利行使也受到限制，仍要受合同约束，一旦取回就需要承担解除原合同的责任。这主要是基于重整大局出发而对取回权人的限制措施。

　　管理人经审查确实符合取回权的行使条件的，应当及时做出准予权利人取回的决定。虽然破产法并未规定管理人对取回权行使的审查时间，但是从破产效率上讲，应当尽快调查、核实、决定。管理人经审查认为，权利人要求取回不符合法律规定或合同约定，拒绝其取回相应财产的，权利人在接到管理人通知后，可以按照破产法司法解释二第二十七条的救济途径，以债务人为被告，以破产取回权纠纷为由向破产案件受理法院提起诉讼，请求法院对取回请求是否成立进行审查，作出生效裁判。一旦人民法院予以认定，则管理人应当予以支持。

　　（二）特别取回权

　　除一般取回权外，破产法第三十九条、破产法司法解释（二）中规定了一些特殊情形下的取回情形，权利人行使相应取回权利时需要遵循特殊取回规则。现行破产法律规范中的特殊取回权主要包括代偿取回权、在途货物出卖人取回权两种类型。

　　1. 代偿取回权

　　代偿取回权主要是适用于取回权标的物毁损、灭失或者被非法转让，即取回权的客体已经灭失或者脱离占有的情况下，权利人通过一般取回权无法取回已有财产的情况。如有与该财产相对应的代偿物，此时权利人可向管理人主张对该取回权标的物的代偿财产行使取回权。一般取回权制度取回的是原物，而代偿取回权取回的是代偿物。

　　代偿取回权的权利来源是民法典第四百六十一条的规定（原物权法224条）："占有的不动产或者动产毁损、灭失，该不动产或者动产的权利人请求赔偿的，占有人应当将因毁损、灭失取得的保险金、赔偿金或者补偿金等返还给权利人；权利人的损害未得到足够弥补的，恶意占有人还应当赔偿损失。"破产法中仅规定了一般取回权，而没有明确规定代偿取回权。破产法司法解释二第三十二条对此作出了明确的规定："债务人占有的他人财产毁损、灭失，因此获得的保险金、赔偿金、代偿物尚未交付给债务人，或者代偿物虽已交付给债务人但能与债务人财产予以区分的，权利人主张取回就此获得的保险金、赔偿金、代偿物的，人民法院应予支持。"同时规定："保险金、赔偿金已经交付给债务人，或者代偿物已经交付给债务人且不能与债务人财产予以区分的，人民法院应当按照以下规定处理：（一）财产毁损、灭失发生在破产申请受理前的，权利人因财产损失形成的债权，作为普通破产债权清偿；（二）财产毁损、灭失发生在破产申请受理后的，因管理人或者相关人员执行职务导致权利人损害产生的债务，作为共益债务清偿。债务人占有的他人财产毁损、灭失，没有获得相应的保险金、赔偿金、代偿物，或者保险金、赔偿金、代偿物不足以弥补其损失的部分，人民法院应当按照本条第二款的规定处理。"

2. 在途货物出卖人取回权

破产法第三十九条，"人民法院受理破产申请时，出卖人已将买卖标的物向作为买受人的债务人发运，债务人尚未收到且未付清全部价款的，出卖人可以取回在运途中的标的物。但是，管理人可以支付全部价款，请求出卖人交付标的物。"和《最高人民法院关于适用<中华人民共和国企业破产法>若干问题的规定（二）》第三十九条，"出卖人依据企业破产法第三十九条的规定，通过通知承运人或者实际占有人中止运输、返还货物、变更到达地，或者将货物交给其他收货人等方式，对在运途中标的物主张了取回权但未能实现，或者在货物未达管理人前已向管理人主张取回在运途中标的物，在买卖标的物到达管理人后，出卖人向管理人主张取回的，管理人应予准许。出卖人对在运途中标的物未及时行使取回权，在买卖标的物到达管理人后向管理人行使在运途中标的物取回权的，管理人不应准许。"该两条对在途货物取回权的行使予以了明确。

在途货物取回权的行使客体是"货物"，且处于"在途"，未交付，未支付全部价款。该权利实质上也是民法返还请求权在破产程序中的一种表现形式。由于动产的所有权自交付时转移，而在在途货物取回权的行使情形下，该货物的所有权没有转移，应当允许出卖人在得知债务人企业进入破产程序这一事实时采取措施防止损失扩大。而且在这种情况下，出卖人也有机会制止损失扩大，因此从公平的角度出发，应当赋予其取回救济权利。

十四、双方均未履行完毕合同的催告权

债务人在进入破产程序后，合同履行的状态分为四种情况。第一种情形：双方均已履行完毕，该情形下双方债权债务关系已经消灭，管理人仅审查是否存在可撤销或者无效情形。第二种情形：债务人企业已经履行完毕，相对方未履行。在此情况下，债务人企业为债权人，应当按照破产法规定相对方继续履行或者管理人解除。第三种情形：对方已经履行完毕，但是债务人企业未履行，该情形下，由对方申报债权。第四种情形：双方均未履行或未履行完毕。对此破产法第十八条①赋予了管理人合同选择权。而对于相对人来讲，不能消极地等待管理人的决定，应当及时地行使催告权，督促管理人尽快作出是否继续履行决定，这样能够避免合同处于不确定状态而造成损失或影响经营。管理人在催告之日起三十日内未答复的，视为解除合同，此时权利人就可以就解除合同的损失向管理人申报债权。

十五、合同履行抗辩权

对于双方均未履行完毕的合同，管理人一旦决定继续履行，依据破产法的规定②，相对人是必须要履行的。由于债务人企业是处于破产程序当中，其清偿能力是有问题的，对于相对人来讲，不能苛刻地要求其明知交易相对人缺乏清偿能力还继续履行，将增加自身的权利实现风险，这显然是不合法理的。破产法为平衡双方的权利，对于管理人决定继续履行的合同的相对人给予了两项权利：一是将履行合同产生的债权作为共益债权，处于优先支付地位；二是相对人可以要求管理人提供相应的担保，如若管理人不能够提供相对人认可的担保的，视为解除合同。这相当于给相对人的债权增加了"双保险"，极大地降低了其债权的实现风险。

十六、赔偿请求权

根据《中华人民共和国企业破产法》第一百三十条③、《最高人民法院关于适用<中华人民共和国企业破产法>若干问题的规定（二）》第九条、第三十三条④的规定，赋予了债权人在管理人未勤勉尽责、忠实执行职务，因故意或重大过失给债权人造成损失，债权人可以主张赔偿请求权。

管理人作为破产案件相关事务的执行者，其行为结果直接影响债权人的利益。因此，破产法为保护债权人利益，赋予债权人对管理人的监督权，以及对管理人

---

①第十八条　人民法院受理破产申请后，管理人对破产申请受理前成立而债务人和对方当事人均未履行完毕的合同有权决定解除或者继续履行，并通知对方当事人。管理人自破产申请受理之日起二个月内未通知对方当事人，或者自收到对方当事人催告之日起三十日内未答复的，视为解除合同。
②第十八条第二款　管理人决定继续履行合同的，对方当事人应当履行；但是，对方当事人有权要求管理人提供担保。管理人不提供担保的，视为解除合同。
③管理人未依照本法规定勤勉尽责，忠实执行职务的，人民法院可以依法处以罚款；给债权人、债务人或者第三人造成损失的，应当依法承担赔偿责任。
④管理人因过错未依法行使撤销权导致债务人财产不当减损，债权人提起诉讼主张管理人对其损失承担相应赔偿责任的，人民法院应予支持。第三十三条：管理人或者相关人员在执行职务过程中，因故意或者重大过失不当转让他人财产或者造成他人财产毁损、灭失，导致他人损害产生的债务作为共益债务，由债务人财产随时清偿不足弥补损失，权利人向管理人或者相关人员主张承担补充赔偿责任的，人民法院应予支持。上述债务作为共益债务由债务人财产随时清偿后，债权人以管理人或者相关人员执行职务不当导致债务人财产减少给其造成损失为由提起诉讼，主张管理人或者相关人员承担相应赔偿责任的，人民法院应予支持。

重大财产处分行为的赔偿请求权,这两项权利互为补充,兼顾了破产程序效率与公正两个方面的价值追求。法律并没有规定如何行使,理论上不管是债权人单体或者通过债权人会议,或者债权人委员会来行使权利都是符合法律规定的。但是实践中,从效率以及操作层面考虑,一般都是通过债权人会议。而赋予债权人在债务人财产处置后的赔偿请求权,则可以在不影响破产程序推进效率的情况下,追究管理人在财产处分过程中的故意或重大过失行为责任,以维护债权人的权益,实现公正的价值目标。目前在实务中,人民法院的态度是很清晰的,已经出现多起债权人行使赔偿请求权获得人民法院支持的案例[①]。

十七、裁定复议权

该项权利属于救济性权利。主要是债权人对人民法院的相关裁定不服的救济途径。目前破产法给予债权人对人民法院的相关裁定不服的救济为:申请复议。主要涉及的裁定事项有财产管理方案裁定、变价方案裁定、财产分配方案裁定、申请恢复行使担保物权裁定等。对于前三项需在自裁定宣布之日或者收到通知之日起十五日内向该人民法院申请复议;后一项担保物权人不服该裁定的,可以自收到裁定书之日起十日内,向作出裁定的人民法院申请复议。

十八、获得清偿权

债权人进入破产程序的主要目的在于获得清偿,因此该权利属于债权人的根本性权利。在破产重整程序中依据重整计划清偿,在破产清算程序中依据破产分

---

① 最高院(2019)最高法民再 198 号案例中认为:关于四名再审申请人能否代表全体债权人请求赔偿或请求管理人向债务人赔偿的问题。《最高人民法院关于适用<中华人民共和国企业破产法>若干问题的规定(二)》第九条、第三十三条赋予了债权人在管理人因过错未行使撤销权导致债务人财产不当减损,因故意或重大过失导致他人损害产生共益债务的赔偿请求权;第三十二条赋予个别债权人在管理人拒绝追收次债务人债务时,代表全体债权人向次债务人或次债务人的出资人主张向债务人清偿的诉讼权利。法律和司法解释虽然对个别债权人能否代表全体债权人向管理人提起赔偿请求没有明确规定,但根据上述司法解释的原理,应当视为个别债权人能够代表全体债权人向管理人请求赔偿,赔偿所得纳入破产财产。关于债权人能否对管理人的财产处置行为提起诉讼的问题。《最高人民法院关于适用<中华人民共和国企业破产法>若干问题的规定(三)》第十五条的规定,并未否定债权人针对管理人处置资产不当提起赔偿的权利。管理人处置资产的行为与管理人实施的其他执行职务的行为并无区别,若管理人在处置资产过程中未勤勉尽责、忠实执行职务,给债权人造成损失,债权人仍有权主张赔偿。破产管理人虽扮演"法定受托人"的角色,但仍需对其行为过失承担责任。破产法为了制约管理人的权利,保护债权人利益,赋予债权人对管理人重大财产处分行为的监督权和赔偿请求权,这两项权利互为补充,兼顾了破产程序效率与公正两个方面的价值追求。基于效率方面的考虑,债权人仅享有有限的监督权,且只能通过债权人会议和债权人委员会行使。债权人委员会虽有要求管理人纠正的权利,但并无最终决定权和实施权。而赋予债权人在财产处置后的赔偿请求权,则可以在不影响破产程序推进的情况下,追究管理人在财产处分过程中的故意或过失行为责任,实现公正的价值目标。

配方案进行分配。破产法明确了债务人财产的分配顺位：破产费用、共益债务—优先权—职工债权—社保债权、税款债权—普通债权。

十九、追加分配权

在破产程序终结之后，如果发现债务人有应可追回的财产或其他可供分配的财产时，债权人有请求人民法院进行追加分配的权利。企业破产法第一百二十三条"自破产程序依照本法第四十三条第四款或者第一百二十条的规定终结之日起二年内，有下列情形之一的，债权人可以请求人民法院按照破产财产分配方案进行追加分配：（一）发现有依照本法第三十一条、第三十二条、第三十三条、第三十六条规定应当追回的财产的；（二）发现破产人有应当供分配的其他财产的。有前款规定情形，但财产数量不足以支付分配费用的，不再进行追加分配，由人民法院将其上交国库。"该条规定的即是破产程序终结后的追加分配制度。

所谓追加分配是指在破产程序终结之后，又发现破产人有可供分配的财产时，由人民法院按照法定程序对在破产分配中未获完全清偿的破产债权进行分配的补充性程序。追加分配是破产制度的重要组成部分，其设立的目的是在破产财产分配完毕之后，通过对破产财产的再发现和再分配，遏制债务人的恶意逃债行为，从而完善对债权人的法律保护。各国破产法一般都规定有追加分配的内容。

"债权人可以请求人民法院按照破产财产分配方案进行追加分配"的规定，是指债权人可以请求法院追回财产并且追加分配？还是指债权人只可以在法院追回财产后请求追加分配？立法规定并不明确。有学者认为，应当是债权人可以请求法院追回财产并且追加分配，如果债权人只能在法院追回财产后请求追加分配，则将发生没有人来请求法院追回财产的情形。所谓应当追回的财产，自然是还没有追回。假定债权人在规定的破产程序终结后的2年内，发现债务人在法院受理破产申请前一年内将其财产以明显不合理的价格进行交易，造成了债务人财产的流失，债权人因此应有权请求法院撤销此项交易并追回相应财产。但是，债权人的请求是应当在法院对交易相对人提起诉讼，还是应当向法院提交一份追回该项财产的请求书，企业破产法第一百二十三条规定的并不明确。笔者认为，债权人的请求应当是在法院对交易相对人提起诉讼。如果债权人只需要向法院提交一份追回该项财产的请求，则意味着法院经审查可以直接裁定交易相对人返还财产，如此，将剥夺交易相对人的抗辩权利和诉讼权利。当债权人为了追回财产而向法院提起对交易相对人的诉讼时，该债权人不可避免地需要缴纳案件受理费。债权人胜诉后,该项案件受理费和其他诉讼费用应当由交易相对人承担,交易相对人没有承担的,应当由追回的财产承担。债权人败诉后,该项案件受理费和其他诉讼费用只能由债权人自己承担。

对于企业破产法赋予债权人请求法院追回财产和追加分配的权利,笔者认为,这里的债权人应当限于其债权没有全部受偿的债权人。如果债权已经全部受偿,则该债权人将不具有此项请求权。

关于追加分配的程序,有权提起追加分配的债权人发现可供追加分配的财产时,可向法院书面申请追回并实施追加分配。人民法院对追加分配申请经审查不符合条件的,裁定驳回申请;符合条件的裁定准许申请,对裁定不服的,可以申请复议或向上级人民法院申诉。裁定准许追加分配后,有权参加分配的债权人,应当通知,并对追加分配的时间、地点、金额等进行公告和通知,由法院审查认定可供追加分配的财产,并依照破产分配方案的顺序和比例进行分配。对追加分配的财产的估价、变现等事宜,应委托中介机构来实施。

追加分配的债务人财产必须是达到一定数额的财产,才能实施追加分配。企业破产法第一百二十三条第二款规定:"有前款规定情形,但财产数量不足以支付分配费用的,不再进行追加分配,由人民法院将其上交国库。"

第二节 债权人会议的职权及决议规则

债权人会议是债权人在破产程序中的议事机构,其是由全体依法申报的债权人组成的一个机构。在破产程序中,债权人将依托债权人会议来行使其相关的程序性权利。破产法第六十一条规定:"债权人会议行使下列职权:(一)核查债权;(二)申请人民法院更换管理人,审查管理人的费用和报酬;(三)监督管理人;(四)选任和更换债权人委员会成员;(五)决定继续或者停止债务人的营业;(六)通过重整计划;(七)通过和解协议;(八)通过债务人财产的管理方案;(九)通过破产财产的变价方案;(十)通过破产财产的分配方案;(十一)人民法院认为应当由债权人会议行使的其他职权。"据此规定可以看出,债权人会议的职权与债权人的权利联系密切,主要职权可以归纳为:第一类职权为债权核查;第二类职权为对管理人职责履行的监督权;第三类职权为对破产程序中的决议表决权。这些权利的行使中监督管理人既可以债权人单独行使,也可以以债权人会议的名义行使。而其他的职权则需要债权人会议通过会议决议的方式行使。

一、债权人会议的决议规则

（一）关于一般决议的表决规则

破产法第六十四条规定："债权人会议的决议，由出席会议的有表决权的债权人过半数通过，并且其所代表的债权额占无财产担保债权总额的二分之一以上。但是，本法另有规定的除外。"依据破产法的规定，债权人会议的决议表决施行多数决，且采取债权人人数和债权额双重标尺。债权人须出席会议的有表决权的过半数通过，即人数方面是以出席会议且具有表决权的债权人人数为计算基数，有表决权但未出席会议的或者出席会议但是没有表决权的债权人人数是不予计算的。债权额方面要注意，二分之一以上比例是通过人数的债权额与无财产担保债权总额之比。也即出席会议的有表决权的既有担保债权人也有社保债权、税款债权、普通债权等债权人，但是在统计债权额时只考虑无财产担保的债权总额，有财产担保的债权人计入决议人数范围，但是其债权不列入债权额范围。

（二）关于特殊决议的表决规则

破产重整计划草案与一般决议的表决规则有一定的差异。破产法第八十二条规定："下列各类债权的债权人参加讨论重整计划草案的债权人会议，依照下列债权分类，分组对重整计划草案进行表决：（一）对债务人的特定财产享有担保权的债权；（二）债务人所欠职工的工资和医疗、伤残补助、抚恤费用，所欠的应当划入职工个人账户的基本养老保险、基本医疗保险费用，以及法律、行政法规规定应当支付给职工的补偿金；（三）债务人所欠税款；（四）普通债权。人民法院在必要时可以决定在普通债权组中设小额债权组对重整计划草案进行表决。"第八十四条规定："人民法院应当自收到重整计划草案之日起三十日内召开债权人会议，对重整计划草案进行表决。出席会议的同一表决组的债权人过半数同意重整计划草案，并且其所代表的债权额占该组债权总额的三分之二以上的，即为该组通过重整计划草案。债务人或者管理人应当向债权人会议就重整计划草案作出说明，并回答询问。"

债权人会议对于破产重整计划草案的表决采用分组表决方式，依据破产法的规定，实务中最多可以分为五个表决组：担保债权组、职工债权组、税款表决组、大额普通债权组、小额普通债权组。表决的通过条件同样采取债权人人数和债权额双重限制。只是在债权额方面增加了通过比例，通过人数所代表的债权额应当占到本组债权总额的三分之二以上。

和破产和解协议草案的表决规则也有特殊规定。破产法第九十七条规定:"债权人会议通过和解协议的决议,由出席会议的有表决权的债权人过半数同意,并且其所代表的债权额占无财产担保债权总额的三分之二以上。"第一百条规定:"和解债权人是指人民法院受理破产申请时对债务人享有无财产担保债权的人。"因此,和解协议草案的表决享有表决权的是无财产担保债权人,在通过人数所代表的债权额与无财产担保财产债权总额的比例上设置为三分之二以上。

重整计划草案与和解协议草案的债权额占比提升为三分之二,主要是这两个决议事项直接事关债权的清偿安排以及程序的进程,属于重大决策事项,应当充分地考虑绝大多数债权额的意见。

（三）破产债权核查决议规则

破产法没有对债权人会议核查债权的规则进行明示,但是依照破产法的规定分析,核查债权也不安排一般的表决规则来处理。实务中是管理人在债权人会议上披露债权表,如果债权人会议或者债权人认为债权表上的债权有异议,可以向管理人提出异议,管理人将予以重新审查和答复,对异议处理结果有异议的可以寻求司法救济。

二、债权人会议决议的效力

破产法第六十四条明确规定:"债权人会议的决议,对于全体债权人均有约束力。" 债权人会议按照表决规则通过的决议其效力及于全体债权人。笔者需要说明的是,该效力性债权人是指有权参与该决议表决的人,无论其是否出席抑或是是否同意都有约束力,而对于无干系的债权人是无效的。比如分配方案对担保债权人无效,究其原因很明朗,破产分配方案不涉及担保债权人的分配利益,且其也不参与该方案的表决。

如果债权人会议表决未通过,将产生何种效力呢？这需要区分不同的决议来分析。

（一）对于债务人财产管理方案、破产财产变价方案、破产财产分配方案未通过的处理规则

破产法第六十五条规定:"本法第六十一条第一款第八项、第九项所列事项,经债权人会议表决未通过的,由人民法院裁定。本法第六十一条第一款第十项所列事项,经债权人会议二次表决仍未通过的,由人民法院裁定。"结合破产法第六十一条的规定来看,如果债权人会议没有通过债务人财产管理方案、破产财产

变价方案的,则为提升破产程序的效率,直接交由人民法院裁定是否通过。而对于破产财产分配方案,因事关债权人的最终清偿利益,因此赋予债权人会议二次表决的机会,但是也不能无限期地拖延,因此一旦二次表决债权人会议仍然没有通过的,人民法院将行使主动权对该分配方案进行裁决。

(二)关于重整计划草案的未通过

如前所述,重整计划草案的表决规则有特殊规定。关于重整计划草案未通过的情形,主要有以下几种情况:一是全部表决组都未同意,在该种情况之下,破产重整程序应当转入破产清算程序;二是部分表决组未同意,对于该种情况债务人或者管理人可以同该表决组进行再次协商,如果经协商同意的,则按照同意处理,如果经再次协商仍未同意的,一般情况下将转入破产清算程序;三是部分表决组不同意,但该重整计划草案符合破产法第八十七条第二款的相关规定,人民法院可以强制批准该重整计划。无论是经正常的债权人会议表决通过的重整计划草案,还是通过强裁制度通过的重整计划草案,只要经人民法院裁定批准,对债务人企业和全体债权人是均有约束力的。

(三)关于和解协议草案的未通过

破产法第九十九条规定:"和解协议草案经债权人会议表决未获得通过,或者已经债权人会议通过的和解协议未获得人民法院认可的,人民法院应当裁定终止和解程序,并宣告债务人破产。"据此,债权人会议对和解协议草案的表决只有一次机会。一旦表决未通过,则破产和解程序将转入破产清算程序。因此也提醒债务人企业在制定和解协议草案时要秉承诚信、合理的原则,在提交债权人会议表决前要与债权人做好充分的沟通交流工作。

第三节 债权人委员会的职能及相关问题分析

前文已述,债权人在破产程序中行使权利可以通过债权人会议以及债权人委员会来实现。对于债权人会议的职责和权利行使程序已经很规范和成熟,目前争议较大的是债权人委员会。目前在破产程序中设置债权人委员会制度以及其作用发挥不论是理论界还是实务界已经达成共识,当前存在的分歧主要在于债权人委员会的定位及职权范围等方面,直接影响债权人在破产程序中的权利行使。虽然破产法司法解释三在破产法的基础上对债权人委员会的职权范围及议事规则进行了进一步的指导，但是该解释对实践中债权人委员会功能的充分发挥依然收效甚微。因此，笔者在本书中将对其进行分析。

一、债权人委员会的定位：独立的债权代表必设机构

当前我国破产法的理念产生了转变，不仅仅是清算退出法，也是企业拯救法，为此设计了三个破产子程序：破产清算、破产重整、破产和解。但无论哪个程序都须解决一个问题：债务人企业和债权人之间的债权债务关系问题。因而，在破产程序中债权人的权益保护是一个不容回避的一个问题。同时，破产程序所面对的是群体性债权人，强调的是全体债权人的公平清偿，因此集中体现全体债权人的意志，确保公平清偿目的的实现也是一个破产法制度设计中应当解决的事项。

在破产程序中，债务人的资产状况、自营情况，管理人的履职情况，债权结构和额度、清偿安排等都直接影响债权人的权益，因而债权人作为权利人对这些情况理应有知情权、监督权、参与权。破产法在立法上是设计债权人会议制度来实现债权人在破产程序中的相关权利行使，但债权人会议作为债权人议事机构，人数较多且非常设机构，无法实现直接或者全程参与。因此，债权人委员会制度应运而生。

但关于债权人委员会的定位问题，我国破产法并没有明确的规定。从对其设立、职权等规定来看，是否设立或解除债权人委员会、债权人委员会成员的选任等均由债权人会议来进行决定，且债权人委员会的职权也受到债权人会议职权的限制，因而当前我国破产法在制度设计中是将债权人委员会定位于债权人会议的下级附属机构，该机构属于债权人委员会闭会期间的常设机构，主要职责是行使监督职能，其对债权人会议有较强的依附性。受此定位限制，债权人委员会的职权范围较为狭窄，监督效果大打折扣。要切实地发挥债权人委员会的作用，必须对其明确其定位，赋予其一定的独立性。

首先，对于债权人委员会属于债权人会议的代表机关的地位予以肯定。债权人委员会设立的意义就是在于实现债权人对破产程序的全程监控，防范其权益侵害风险。该制度的设立目的决定了债权人委员会属于债权人会议代表的必然身份。

其次，应当将债权人委员会作为债权人会议的一个必设、常设机关进行设计，类似于全国人民代表大会与全国人民代表大会常务委员会的架构。在设立的立法例上可采用必设制，在破产受理后债权人申报债权后的一定期限内就可由法院临时指定债委会成员，第一次债权会议后可由债权人会议决定更换或增减。这样才

能确保破产程序的全程监督。德国破产法就有相应的规定，赋予支付不能法院在第一次债权人会议之前设置一个债权人委员会的权力，而对于支付不能法院已经设立债权人委员会的，是否应该保留该委员会由债权人会议决定；同时，作为一个常设机构，从破产程序开始到程序终结，负责对破产程序相关主体行为的合法、公正以及涉及债权人权益事项进行日常监督和参与，以实现对破产程序的全程监控。

最后，赋予其独立法律地位。实务中，一方面债权人委员会在设立之后的工作较为被动，管理人在进行债务人财产事项方面向债权人委员会履行程序上的报告义务，债权人委员会并没有相应的异议权、否决权。权利的虚无化使得债权人委员会缺乏职权行使动力。另一方面，管理人或债务人企业在制定重整计划草案时会与债权人委员会成员进行沟通，但是由于破产法并没有赋予债权人委员会达成偿债协议的权利，因而沟通的效果只能涣散为和债委员成员单个债权人的沟通效果。赋予债权人委员会独立的法律地位不仅仅是能够切实地维护债权人的权利，同时也能够通过债权人委员会的集体决议的普遍约束效力提升破产程序的实效性。

二、债权人委员会的职责范围进一步扩大：增加实质参与权

根据破产法第六十八条[①]、破产法司法解释三第十三条[②]的规定，对债权人委员会的职权范围进行梳理，主要包括：监督债务人财产的管理和处分；监督破产财产分配；提议召开债权人会议；申请人民法院更换管理人，审查管理人的费用和报酬；监督管理人；决定继续或者停止债务人的营业；接受管理人重大财产处分行为的报告等。通过这些职权进行分析可以看出，当前我国破产法中债权人委员会的职权集中在监督职责，主要是对管理人在破产程序中的财产行为等进行监督，且受制于债权人会议的职权范围。在破产程序中，除了破产财产的管理、范围、分配和债权人权益相关之外，其他诸如债权审核确认、重整计划制定、企业资产的盘核等，债权人委员会都无法实现实质的参与和掌控。债权人委员会名为主动监督，实质上为被动地接受，并不能切实地发挥债权人委员会维护债权人利益的作用。

---

①依据我国破产法的规定，债权人委员会主要行使四项职权：（一）监督债务人财产的管理和处分；（二）监督破产财产分配；（三）提议召开债权人会议；（四）债权人会议委托的其他职权。

②破产法司法解释三第十三条："债权人会议可以依照企业破产法第六十八条第一款第四项的规定，委托债权人委员会行使企业破产法第六十一条第一款第二、三、五项规定的债权人会议职权。债权人会议不得作出概括性授权，委托其行使债权人会议所有职权。"

在破产程序中涉及债权人利益的事项，债权人作为权利人理应有知情权、监督权和相关事项参与权。由于债权人人数较多，参与权可以由债权人委员会来实现，在监督权的基础上，扩大债权人委员会的职权范围，在债权审核和确认、债务人资产盘核、重整计划草案的制定三个涉及债权人的核心事项中实现实质参与。

（一）监督债权审核和确认

当前我国破产法中破产债权的确认实行"三步走"：管理人初审—债权人会议审核—人民法院确认。该制度设计从理论上看是合理的，也体现了债权人的参与。但是实践中，债权人对债权的审核往往是通过会议方式，在有限的会议时间对诸多债权的合法性、有效性进行审核对于债权人来讲是不可能达到真实、准确的理想状态的，审核形同虚设。而债权人的多少、债权额的大小都将直接影响债权人的清偿率，因而必须通过一定的制度设计让债权人的债权审核职权切实地落实到位。建议在债权申报人达到一定的数量后，由法院指定三名以上临时债委会成员对管理人的债权申报及初审工作进行监督，有权对债权申报的材料进行查阅并且对确认依据进行询问。第一次债权人会议召开后，可以再由债权人会议对债权人委员会成员的变更、增减进行决定。从而使债权人参与破产程序实现无缝对接。

（二）监督债务人资产盘核

破产法中虽然赋予了债权人委员会对管理人对债务人财产的管理、处分、分配等行为监督的职权，但是对债务人资产的盘核并没有涉及。债务人真实资产情况影响债权人的清偿利益，事关债权人的决策依据。当前的破产案件，资产盘核属于管理人的职责范围，管理人往往会委托审计、评估机构对债务人的财产状况进行摸排。但由于受各种因素的影响，审计、评估的结果会与债务人的真实资产状况产生差异。因而，建议债权人委员会成员可参与资产盘核工作中，与管理人、债务人、审计评估机构形成四方制衡，从而使资产情况尽可能地趋于真实。

（三）参与重整计划草案的制定

重整计划草案在破产重整程序中的重要性不言而喻。当前我国破产法规定重整计划草案的制定主体为管理人或债务人，对于债权人来讲享有表决权。目前存在的问题有二：一是债权人的被动表决问题；二是计划的通过效率问题。重整计划草案中涉及债权的核心内容主要是清偿安排和是否具有可行性，涉及债权人的权益调整以及债权利益的最终实现。换个角度理解，重整计划草案也是一个偿债协议，需要相关利益各方的共同协商。而协商是一个过程，并非一个会议就能够决策的事情。实践中，很多的债权人只有在召开债权人会议时才第一次接触重整计划草案，很显然无法快速地作出决策，尤其是债务削减较多的普通债权人。从较为顺利地通过重整计划草案的案件来看，一般都是在重整计划草案制定过程和债权人进行了大量的充分沟通和磋商。总而言之，由于重整计划草案是否能够被债权人接受直接影响重整能否顺利进行，在重整计划草案制定过程中积极引入债权人委员会的参与，其代表债权人一方和草案制定人进行磋商，让债权人能够客观地了解草案清偿方案安排的合理性、公平性，以及草案的执行性，理性地行使表决权。如此，重整计划草案的通过率自然有效提升。

三、债权人委员会的人员构成突破债权人资格限制：引入第三方独立主体

依照企业破产法第六十七条的规定[①]，债权人委员会的成员限定在具有债权人资格的主体范围，除必须有一名债务人的职工代表或者工会代表外，其他债权人资格无限制。但是对具体的任职条件及选举办法都没有明确规定。实务中，在债权人委员会成员的选择上尽量兼顾各种不同债权类型，以及所代表的债权金额。除此之外，对其威望和能力，所处地域等因素也需考量。

另外，笔者关注的是当前的债委会成员构成在破产程序中作用发挥的实效性问题。债权人委员会作为债权人的代表，同时也是作为债权人的个体存在，因而在其职权行使过程中不可避免地会从维护自身利益出发，而且债权人作为债务人有限财产的分配者，各债权人之间也存在矛盾和冲突，因而导致其在行使职权过程中难以快速达成一致意见，影响破产程序的顺利进行。同时，由于破产程序不仅涉及程序问题还包括实体问题，由于债权人委员会成员缺乏相关专业知识，在对管理人进行监督的过程中沟通可能存在障碍，甚至可能会产生误解，不利于整个程序的顺利进行。需要有一定的法律或财务背景才能发现问题，而债权人并非都能达到相应的专业水准，这直接影响债权人委员会职权的行使效果。另外，破产程序往往时间长、事项繁杂，要实施有效的监督必然要耗费大量的时间和精力，而对债权人来讲也是一个负担。《破产法立法指南》指出："债权人委员会可能还需要行政协助和专家协助，此种协助与委员会履行的职能有明显的联系，可能需法律的要求取得破产管理人或法院许可，才能聘请秘书或在情况需要时聘用顾问和专业人员。"德国破产法第六十七条规定："非债权人也可被任命为债权

[①] 债权人会议可以决定设立债权人委员会。债权人委员会由债权人会议选任的债权人代表和一名债务人的职工代表或者工会代表组成。债权人委员会成员不得超过九人。债权人委员会成员应当经人民法院书面决定认可。

人委员会的成员。"美国破产法也规定"重整程序中由债权人会议决定组建的各类委员会可以在合理的期间和合理的聘请条件下聘请专业人士"。

因而，笔者建议我国破产法在债权人委员会的成员构成上也可突破债权人的限制，引入第三方独立主体，如专家学者、公证员等。债权人和第三方独立主体的成员结构，一方面能提高债权人委员会的职权行使效果，充分应用其所具有的专业知识与技能，对债权人委员会职能的行使进行补充和完善，同时因该类专业技术人员与破产程序中各方关系人间不存在利益关系，其对整个破产程序尤其对于破产管理人的监督会更加的中立与公正，更有利于体现破产程序的公正效率价值；另一方面在债权人利益冲突陷入决议僵局时发挥作用，提升职权行使效率。

四、债权人委员会的议事规则应当进一步细化：因事而议

破产法第六十八条、六十九条对债权人委员会的设立及其他职权作了规定，但对其表决规则以及债权人会议对债权人委员会如何实行有效的监督等未作出规定，导致实践中产生争议或不同的做法。破产法司法解释三第十四条明确规定债权人委员会决定所议事项应获得全体成员过半数通过，为债权人委员会的议事规则提供了明确依据。就监督职权来讲"过半数"议事规则是合理的，能够实现监督目的。但是，由于债权人委员会在人员结构上有性质、债权额的区别，其权利指向也会有差异，在议事表决时必然会影响其决策，而忽视或损害其他债权人的利益，债权人委员会的议事规则应当因事而议，合理设定。

（1）对于监督事项，实行"过半数"议事规则。对于债权人委员会的监督事项，诸如破产财产的管理、管理人的履职情况等，这些事项不受债权额的影响，可实行人数"过半数"的议事规则。

（2）对于财产处分等重大事项，采取人数和债权额双重限制议事规则。债权人委员会属于债权人代表机关，属于一个整体，但是不可否认的是其内部成员依然是独立的债权个体，代表着不同性质、不同债权额度的债权人的利益，彼此之间也存在着利益冲突，因而在其行使职责时不可避免地会从各自利益出发进行决策。如更换管理人、企业的继续营业、重大财产处分行为等事项的处理就会对这些不同的债权人产生不同的影响，如按照"过半数"来进行处理，将有可能小额债权人委员会成员利用人数优势形成决议而损害其他债权人的利益。因此，债权人委员会涉及的一些重大事项建议参照债权人会议的表决规则，采取人数和债权额双重限制，以从人数和债权额两个维度实现各债权人委员会成员之间的牵绊和平衡。

第五章　破产程序中的职工债权处理及职工权益保障

职工债权的处理是每个破产案件普遍面对的问题，妥善处理职工问题不仅是维护职工权益的有力保障、提升破产程序的有效途径，也是维护社会稳定的有效举措。当前我国破产实践中，职工问题的解决甚至成为破产案件中最突出和尖锐的矛盾，职工问题的处理在破产程序中至关重要，企业破产时对职工的正当权益必须予以妥善保护。本书将结合实务对职工债权的处理和职工权益保障涉及的关键点进行分析，并给出相应的解决方案。

第一节　破产程序中妥善处理职工债权的必要性及实务处理障碍

一、破产程序中妥善处理职工债权的必要性

（一）是维护职工权益的有力保障

企业进入破产程序后，职工债权直接涉及职工权益，妥善处理职工债权问题是保障职工权益的应有之义。职工工资、保险、抚恤金、补偿金、住房公积金等都涉及职工权益，是依法职工应当得到的清偿及享受的待遇，但是企业一旦进入破产程序则意味着企业的清偿能力不足，往往导致职工的相关待遇无法兑现，影响职工的权益实现。因而我国通过破产法及相关政策性文件对职工权益进行司法或行政保障，降低职工权益不能实现的风险。

（二）是维护社会稳定的必然措施

企业进行破产程序后必然会对职工权益造成严重的影响。破产清算程序终结，企业注销，职工面临重新就业；即使在破产重整程序中，减员增效也是常态，打破其"铁饭碗"，使得职工失去稳定的收入来源，影响其基本生活。因而，在破

产程序中职工问题是一个极大的引发社会不稳定的潜在因素。尤其是一些大中型企业，涉及职工人数较多，劳动关系复杂，一旦处理不妥当，将会出现上访、围堵、游行、报复社会等群体性事件，造成恶劣的社会影响。实践中职工因为工资欠付、社保欠缴或未实现理想的安置状态出现极端行为的事件并不鲜见。当前在我国"稳定大于一切"的背景下，职工安置问题甚至也成了一些地方政府、法院在受理破产案件时不得不考虑的一个重要因素，甚至影响到我国破产立法的进程。在破产程序中妥善处理职工债权，维护职工权益，消除职工的不安、不满情绪，是维护社会稳定的必然举措。

（三）是提升破产效率的有效途径

实践证明，职工债权的处理成效与破产程序的效率是成正比的。职工问题涉及面广，对象复杂，诸多因素影响处理实效。一方面因职工问题涉及民生、影响稳定，因而政府会加以干预和督促；另一方面破产程序中的一些决议，如重整计划的通过等需要职工债权人的配合，如果职工问题解决不好，将成为程序顺利进行的一大障碍。因而，对于管理人、债务人企业、人民法院等破产参与人来讲，应当高度重视破产程序中职工债权的重要性，从破产程序启动时开始就注重与职工的沟通，确保职工债权的实现，从而推动破产程序的顺利进行，提升破产效率。

二、当前破产实务中职工债权处理面临的困难及问题

（一）职工类型复杂，增加调查难度

当前企业的用工形式多样化，除了有正式签订劳动合同的职工，还有是事实劳动关系、临时工、派遣工、劳务工。另外，受我国企业类型及相关政策的影响，还有国有企业与非国有企业职工之分，同时还涉及工作年限、女职工、特殊群体（退休职工、患病职工、产假职工等等）等，还有安置范围的不同等问题。因而企业进入破产程序后，管理人在具体操作过程中，要根据职工情况的不同进行分类处理，一一梳理、查证、认定。

（二）企业资料缺失，影响调查实效

管理人对职工债权的认定往往需要以劳动合同、管理制度、工资发放记录、考勤记录等为依据，但是企业对职工的管理尤其是民营企业并不规范，材料不齐、缺失、毁损，甚至实践中存在部分民营企业破产案件中关于职工的材料无任何书面证据材料，给管理人的职工债权处理造成了很大的障碍，也影响了职工权益的认定。面对这类情况，管理人需要通过走访了解情况的相关人员、结合企业现有档案资料中的间接证据、通过职工间联系寻找原负责工作人员了解情况，如果能够有较为确实的证据证明其劳动情况，应该在统计中予以确认，维护职工权益。同时，依据破产法第十五条和第一百二十七条的规定可知管理人应充分运用相关规定，在相关人员不尽职的情况下向直接责任人员进行追责。

（三）企业资金短缺，造成职工债权实现困境凸显

职工债权属于劳动债权，涉及基本生存问题，因此在破产法中明确规定其属于优先清偿顺位，这是对职工债权强有力的保障，也是体现我国法律对职工的保护。但是"巧妇难为无米之炊"，企业在进入破产程序后，往往面临着资金困境，债务人企业财产大量的被设定担保，进入破产程序后用来安置职工的财产较少（政策性破产的安置资金来源较多，职工权益保障相对较强），导致职工债权存在无法实现的可能。

（四）法律规定限制，形成实践处理障碍

我国破产法第四十八条以及一百一十三条对职工债权的范围予以了明确规定，但是客观的评价，破产法的职工债权规定范围较窄、也不明确。司法实践中职工债权范围相对法律来讲有所突破。同时，劳动者权益相关的立法也不完善，直接影响到职工债权的处理。依据不统一、不规范，难以对管理人、债务人企业、人民法院的职工债权处理工作进行有效预期及指导，反而容易引发困惑。

第二节　破产程序中职工的身份界定

明确职工的范围是在破产程序中处理职工债权的前提。根据我国劳动法与劳动合同法的规定，与企业之间是否存在劳动关系是认定其职工身份、确认职工债权性质的唯一标准。主要涉及以下几种类型。

一、签订劳动合同的职工

劳动合同用工是我国的企业基本的、规范的、法定用工形式。判断劳动关系是否成立，应根据《中华人民共和国劳动法》《中华人民共和国劳动合同法》（以下简称《劳动合同法》）等法律规定和国务院、劳动部门的法规、规章、政策认定。《劳动合同法》第七条"用人单位自用工之日起即与劳动者建立劳动关系。"第十条"建立劳动关系，应当订立书面劳动合同。"据此，依据法律规定，企业用工与职工建立劳动关系就应当依法订立书面的劳动合同。因此，对职工身份认

定时首先可根据其与企业是否签订劳动合同来进行判断,这是判断职工身份的最直接的证明文件。

管理人在对劳动合同进行审查过程中需要注意:一是签订劳动合同与用工时间不一致的情形,按照《劳动合同法》第十条规定"用人单位与劳动者在用工前订立劳动合同的,劳动关系自用工之日起建立。"即按照实际用工时间确认劳动关系存续时间。实践中也存在另外一种情形,职工入职后经过一段时间才签订劳动合同,对于该情形需要以实际用工时间确定劳动关系成立时间。二是用工主体的认定。企业存在集团公司或者关联企业现象时,会出现职工在企业间相互调用问题,管理人需具体了解职工签订的劳动合同的主体,依据签订劳动合同的主体确定劳动关系的归属,如不归属于实际用工单位则按照劳务派遣予以处理,如归属于用工单位就不宜认定为职工身份。三是职工多次入职,签订不连续的多份劳动合同的。该情形不属于劳动合同的无缝续签,应当按照重新形成劳动关系进行认定,以最新的一份劳动合同为准。

二、形成事实劳动关系的职工

虽然法律明确规定应当签订劳动合同,但是在实践中存在大量的债务人企业进入破产程序后,管理人调查发现存在职工目前无合法有效的劳动合同情况,主要有三种状态:一是进入企业一直未签订劳动合同;二是劳动合同到期但是未续签;三是签订的劳动合同无效。对此职工身份的确认,主要是判断是否形成事实劳动关系。

根据劳动和社会保障部《关于确立劳动关系有关事项的通知》(劳社部发〔2005〕12号)规定,主要从三个方面进行判断:一是双方的主体资格是否符合法律规定;二是"用人单位依法制定的各项劳动规章制度适用于劳动者,劳动者受用人单位的劳动管理,从事用人单位安排的有报酬的劳动";三是"劳动者提供的劳动是用人单位业务的组成部分"。管理人在具体认定时要收集、查找相关证据〔证据包括但不限于工资支付凭证或记录(职工工资发放花名册)、缴纳各项社会保险费的记录、用人单位向劳动者发放的"工作证""服务证"等能够证明身份的证件、劳动者填写的用人单位招工招聘"登记表""报名表"等招用记录、考勤记录、其他劳动者的证言等〕等,结合上述证据的形成、来源、占有等因素,对是否存在劳动关系作出判断和认定,符合事实劳动关系就应当对其职工身份进行认定。

三、非全日制用工的职工

非全日制用工也属于我国劳动法规定的一种用工形式。《劳动合同法》第六十八条："非全日制用工,是指以小时计酬为主,劳动者在同一用人单位一般平均每日工作时间不超过四小时,每周工作时间累计不超过二十四小时的用工形式。"该用工形式可采取口头协议。该类劳动者也属于破产法职工债权的"职工"范围,只是在债权认定时需根据特别规定来进行处理,如非全日制用工终止用工时任何一方都可以随时通知对方终止用工。终止用工,用人单位不向劳动者支付经济补偿[①]。

四、完成一定任务为期限的职工

按照《劳动合同法》的规定,"用人单位与劳动者协商一致,可以订立以完成一定工作任务为期限的劳动合同"。[②]注意的是该条表述是"可以"而非"应当"。因此,如果签订了劳动合同则属于有劳动关系的职工,如未签订劳动合同则不能当然的纳入职工范围。如果企业、劳动者之间没有身份隶属关系,劳动者以自己的技能、设备、知识自担经营风险,不受单位的直接安排、约束、支配,所从事的工作或任务具有"临时性、短期性、一次性"的特点,可以认定企业与劳动者之间不存在劳动关系。因完成工作或任务引发的纠纷,告知当事人通过普通民事诉讼程序解决。

五、劳务派遣工

劳务派遣用工是企业用工的补充形式,只能在临时性、辅助性或者替代性的工作岗位上实施。由于劳务派遣工是基于企业与劳务派遣单位的委托合同而产生,与企业本身并没有构成劳动关系,因而其不应当作为企业破产后的安置对象。该种用工的法律关系较为清楚,如果欠付相关劳务派遣费用,则由劳务派遣公司申报债权,而不属于职工债权范围。但根据《劳动合同法》第六十二条第三款的规定,如用工单位欠付职工加班费、绩效奖金、福利待遇的,则应当列入职工债权。

六、劳务用工

一般企业在用工方面除签订正式的劳动合同之外,还存在劳务用工方式的劳动者,即签订的是劳务合同。对此管理人要做具体分析,如果是名为劳务用工实际符合劳动关系的,则应该按照职工处理。如果招用的已经依法享受基本养老保险待遇或领取退休金的人员或者超过法定退休年龄后参加的劳动者,则不能认定具有劳动关系的。如果确实为劳务用工则按照普通债权处理,由劳务者申报债权。

---

① 《中华人民共和国劳动合同法》第七十一条。
② 《中华人民共和国劳动合同法》第十五条。

实践中，虽然有案例将劳务用工也纳入职工债权，主要是出于维稳需要或者其他因素考虑，严格来讲是与法不符的。需要说明的是，由于当前还有部分案件属于政策性破产案件，因此在职工债权过程中会涉及全民所有制职工或固定工等概念，政策性破产企业的职工安置除了依据破产法外，还有一些系列的政策适用，因而其具有一定的特殊性。但随着政策性破产企业破产程序的逐渐终结，此类问题将成为历史。

七、特殊职工：董事、监事和高级管理人员

破产法中对进入破产程序的董事、监事和高级管理人员等职工中有特殊规定，主要是涉及四个限制：一是被法院确认为债务人的有关人员。依据破产法第十五条的规定[①]，如人民法院认为有必要，可决定将高级管理人员纳入债务人有关人员范围，承担破产法规定的相关义务。二是在破产重整中的股权转让限制。破产法第七十七条[②]为提升董、监、高参与企业拯救的积极性，限制其在重整期间转让股权。但是如有正当理由对债务人财产有利经过人民法院许可就不受限制。三是在职工债权的工资计算时采用特殊规则。工资核算标准按照该企业职工的平均工资计算。不过该项是规定在破产清算章节中，因此根据体系解释，应当适用于破产清算程序。而和解程序或重整程序可不予调整。四是非正常收入的返还。企业在具备破产原因的情况下，如董、监、高人员利用职权获得绩效奖金、普遍拖欠职工工资情况下获取的工资性收入、其他非正常收入等，管理人应当依法予以处理。

正因如此，管理人在对职工债权进行处理时要准确界定董事、监事和高级管理人员的范围。董事、监事一般较容易确认，根据工商注册登记记载事项及公司章程即可准确锁定。目前实务中是对高级管理人员的范围界定存在适用不清晰状态。根据《中华人民共和国公司法》第二百一十六条之规定，高级管理人员指在公司管理层中担任重要职务，负责公司经营管理，掌握公司重要信息的人员，包

---

①自人民法院受理破产申请的裁定送达债务人之日起至破产程序终结之日，债务人的有关人员法定的需要承担的义务有以下几项：（一）妥善保管其占有和管理的财产、印章和账簿、文书等资料；（二）根据人民法院、管理人的要求进行工作，并如实回答询问；（三）列席债权人会议并如实回答债权人的询问；（四）未经人民法院许可，不得离开住所地；（五）不得新任其他企业的董事、监事、高级管理人员。破产法同时对"有关人员"进行了解释说明，法定的"有关人员"是指企业的法定代表人；根据需要，经人民法院决定，可以包括企业的财务管理人员和其他经营管理人员。
②破产法明确规定，在重整期间，债务人的出资人不得请求投资收益分配。在重整期间，债务人的董事、监事、高级管理人员不得向第三人转让其持有的债务人的股权。但是，经人民法院同意的除外。如投资人股权收购方式注入资金等。

括经理、副经理、财务负责人、上市公司董事会秘书和公司章程规定的其他人员。还存在其他如在章程中明确的高管也应当纳入范围，如总工程师、总会计师、总法律顾问等。

第三节 破产法中的职工权益保障体系

职工是企业劳动合同的当事人一方，他们按合同履行了劳动义务，也应依合同享受相关权利，国家作为经济秩序的维护者有义务维护合同的严肃性，依法维护职工的利益。本来破产企业职工的保障是应该由社会保障的相关法律解决，可是目前我国的社会保障制度尚处在建立初期，所以在制定破产法律时，必须要考虑如何维护职工的权益问题。基于此，2006年8月27日第十届全国人民代表大会常务委员会第二十三次会议表决通过的《中华人民共和国企业破产法》规定了一套程序保障和实体保障相互配合、相互协调的职工权益保障制度来维护破产企业职工的权益。职工权益保障是破产立法及适用过程中的重点，破产法在制度设计上设置一系列的保障措施。笔者梳理如下：

一、职工债权权利保障宣示

破产法第六条规定"人民法院审理破产案件，应当依法保障企业职工的合法权益，依法追究破产企业经营管理人员的法律责任"。该条属于权利宣示性条文，明确人民法院审理破产案件时对职工权益保障的职责。该条在破产法总则中的规定，直接体现立法对职工债权的重视和关注。据此，依法保障企业职工的合法权益是立法明确规定的一项重要的立法原则，也是人民法院审理破产案件的原则之一。根据这一原则，在整个破产法都贯彻了这一精神，对于保护职工的合法权益问题规定了一系列的具体措施。同时在处理破产案件的过程中，会涉及多方面的利益冲突，在平衡各方面利益时应首先考虑这种解决方法是否能够保护职工的利益，对不明确的规定应作出有利于职工利益的解释和适用。

二、债务人提交职工安置预案以及职工工资的支付和社会保险费用的缴纳情况等材料法定义务

在破产程序启动阶段，人民法院在对破产申请审查中，依据破产法第八条和第十一条的规定，债务人应当要向人民法院提交职工安置预案以及职工工资的支付和社会保险费用的缴纳情况。债权人提出破产申请的情形下，债务人企业处于

被动状态，人民法院审查的重点在于破产原因，更直接的表述是人民法院更关注债务人的资产负债比，因此不要求债务人企业提交职工安置预案。但是由于欠付的职工工资以及欠缴的社会保险也属于债务人企业的债务范畴，因此该项也是判断债务人清偿能力的证据材料之一。同时也能够使人民法院对该企业进入破产程序后的职工问题的解决有一个预判。

三、职工债权的特殊确认规则

债务人企业进入破产程序后，所有的债权人都得依照规定申报债权，这是债权人在破产程序中行使权利的法定前提条件。但职工债权有特殊的确认规则，无须申报，由管理人进行主动的调查和确认，之后进行公示。职工对公示的债权有异议的，可以申报管理人进行更改，管理人不更改的，职工可以通过诉讼方式予以救济。破产法如此规定是因职工人数众多，且职工债权根据债务人企业的相关材料就能够调查清楚，管理人主动的审查确认，能够减少职工的申报成本，以及降低因职工不懂法而漏报风险。当然，破产法也不禁止职工主动向管理人申报债权。

四、职工利益相关债权的内容

按照企业破产法第四十八条第二款的规定，职工债权包括"债务人所欠职工的工资和医疗、伤残补助、抚恤费用，所欠的应当划入职工个人账户的基本养老保险、基本医疗保险费用，以及法律、行政法规规定应当支付给职工的补偿金"。企业破产法把涉及职工的债权通过立法明确下来，但不限于此。后文将详细阐述。企业破产法第一百一十三条规定"破产财产在优先清偿破产费用和共益债务后，依照下列顺序清偿：……（二）破产人欠缴的除前项规定以外的社会保险费用和破产人所欠税款；……"，该项所称的破产人欠缴的除前项规定以外的社会保险费用就是除企业破产法第四十八条所包括的职工债权范围之外的与职工相关的社会保险费用，具体指统筹部分的基本养老保险、基本医疗保险费用和失业、工伤、生育保险费用以及将来可能会出现的社会保险费用。其实这一是体现了一种立法技术；二也是对职工利益进行更全面的保护。由于我国的劳动保障制度还存在缺陷，需要不断地进行完善，现在没有考虑到的劳动保险费用，说不定以后就会规定，而对基本法律来讲，不能朝令夕改，要保持其稳定性，所以当出现新的有关劳动保险费用时，我们就可以将其纳入这一顺位中，不至于由于法律的滞后而损害职工利益，进而影响社会的稳定。

五、明确职工债权的程序性权利

破产程序中债务人企业以及管理人的相关行为,是直接影响债权人的清偿利益的,职工也是属于债权人范围,因此破产程序中职工也理应对影响自身债权的事项享有相关的权利。依据破产法的规定,职工债权人除享有破产法规定的债权人享有的所有权利外,主要有以下几项特殊规定的权利:

一是债权人会议意见发表权。职工数量往往较多,如果都参加债权人会议的话,不但会增加破产费用的支出,而且人多意见不统一,反而不能准确地反映职工的意愿,基于此,企业破产法规定:"债权人会议应当有债务人的职工和工会的代表参加,对有关事项发表意见。[1]"二是参与债权人委员会。破产案件中如若债权人会议决定成立债权人委员会的,债权人委员会的成员必须包含一名债务人的职工代表或者工会代表[2]。该项规定明确了职工派职工代表参加债权人会议及债权人委员会的权利,解决了职工在债权人会议上表达意愿的方式和途径问题,同时有效解决了职工全体参加债权人会议反而不能及时准确反映职工意愿的负面作用。职工代表由全体职工会议或职工代表会议选举产生,注意的是工会代表在债权人会议上可以代表职工利益,但不能取代职工参加债权人会议。三是重整表决权。在重整程序中,职工债权对重整计划草案享有表决权,而且应当单独分组,如果职工债权组不同意重整计划草案,将对重整程序产生直接的影响[3]。这些特殊权利的明确,是强调职工的知情权与重大问题的表决权,是立法对职工利益维护的直接体现。

六、董监高人员非正常收入的调整

如前所述,进入破产程序的债务人企业的董监高人员除需要承担一定的义务外,为体现对全体职工的公平,对董监高的非正常收入进行调整、追回。在破产清算中,将按照职工平均工资予以确认该类人员的工资。认定为非正常收入的部分,管理人还应当予以追回,超出部分列入普通债权。该条表面上是对企业董监高人员不当行为的处理,实质上是因其行为侵害职工权益,是对全体职工债权的衡平。

七、破产分配顺位处于优先顺位

债务人企业进入破产程序后,债权的清偿顺位对债权人的利益影响巨大。依

---

[1] 参见《中华人民共和国企业破产法》第五十九条第五款。
[2] 参见《中华人民共和国企业破产法》第六十七条。
[3] 参见《中华人民共和国企业破产法》第八十二条。

据破产法的规定①，不论是在重整计划或和解协议的清偿中，还是在破产财产分配中，职工债权是属于第一顺位清偿的，关于与职工权益联系密切的社保债权列入第二顺位，这是破产法对职工债权保护的实质性重磅条款。不过需要说明的是，在重整计划或和解协议的清偿中，虽然职工债权列入第一顺位，但是如果职工同意对债权进行让步的，这是职工对自身权利的处分行为，该意思表示也是有效的。

八、特殊情况下优先于担保权受偿

破产法属于特别法，但是也需要和其他法律相配合、协调。新破产法为与旧破产法相衔接，在破产法第一百三十二条针对职工债权与担保债权的清偿进行了特别规定，施行"旧债旧办法，新债新办法"处理。在2007年6月1日新破产法施行后，破产企业在2006年8月27日公布之日前"所欠职工的工资和医疗、伤残补助、抚恤费用，所欠的应当划入职工个人账户的基本养老保险、基本医疗保险费用，以及法律、行政法规规定应当支付给职工的补偿金，依照本法第一百一十三条的规定清偿后不足以清偿的部分，以本法第一百零九条规定的特定财产优先于对该特定财产享有担保权的权利人受偿"，即职工债权优先于担保债权受偿。

九、损害职工权益的责任承担

在现实情况中，企业破产并不是由职工造成的，往往是由于经营管理人的决策失误导致的，但职工却成了受害者，基于此企业破产法第六条明确规定，要"依法追究破产企业经营管理人员的法律责任"。第一百二十五条也规定，企业董事、监事或者高级管理人员违反忠实义务、勤勉义务，致使所在企业破产的，依法承担民事责任。同时，破产往往伴随着各种或隐蔽的犯罪，林山田先生曾说过，"即使一百个盗窃犯下手行窃，所造成的损失，还不及一件普通的破产刑事犯罪。"所以企业破产法第一百三十一条规定违反本法规定，构成犯罪的，依法追究刑事责任。这也就意味着如果损害职工权益，不仅可以追究其民事责任，而且构成犯罪的，还要承担刑事责任。

第四节 职工债权的范围厘清

鉴于职工债权的特殊保护，职工债权的范围认定也是实践中的一个难点。我

---

①参见《中华人民共和国企业破产法》第一百一十三条。

国破产法第四十八条以及第一百一十三条对职工债权的范围予以了概括性的规定，职工债权为破产人所欠职工的工资和医疗、伤残补助、抚恤费用，所欠的应当划入职工个人账户的基本养老保险、基本医疗保险费用，以及法律、行政法规规定应当支付给职工的补偿金，同时相关司法解释也涉及特殊职工债权的认定，主要由以下项目组成。

一、债务人所欠职工的工资

工资指"用人单位依据国家有关规定或者劳动合同的约定，以货币形式直接支付给本单位劳动者的劳动报酬"。《关于工资总额组成的规定》第四条、第十条有明确规定，"工资总额由下列六个部分组成：（1）计时工资；（2）计件工资；（3）奖金；（4）津贴和补贴；（5）加班加点工资；（6）特殊情况下支付的工资。其中，特殊情况下支付的工资包括：因病、工伤、产假、计划生育假、婚丧假、事假、探亲假、定期休假、停工学习、执行国家或社会义务等原因按计时工资标准或计时工资标准的一定比例支付的工资。"

在破产程序中，管理人在工资的认定时需要注意以下几点。

（1）关于与业绩挂钩的绩效工资、奖金等债权处理：最高人民法院于2013年12月11日作出的《最高人民法院关于李汉桥等164人与南方证券股份有限公司职工权益清单更正纠纷再审系列案有关法律问题请求的答复》指出，"职工对债务人享有的与业绩挂钩的绩效工资、奖金等债权，在破产程序中不应作为优先债权予以清偿，确实合理的债权可以作为普通破产债权清偿。"关于该部分笔者认为，虽然国家统计局的《关于工资总额组成的规定》是将奖金列入工资总额组成之中的，但是该奖金与劳动报酬是存在差异的。破产法的职工债权更多的是生存性债权，而非激励性债权。管理人在调查职工债权时应剔除与企业业绩挂钩的绩效工资、奖金部分。但是，实践中还存在一种工资计算模式，在劳动合同中明确了工资标准，但是在该标准内采用绩效模式计算实际工资，即该绩效或者奖金本身属于基本工资范围，该种情况的绩效工资奖金应该纳入职工债权范围。在破产实务中，管理人应当认真甄别，属于生存性工资范围的列入职工债权，具有激励性质的应当予以剔除。

（2）关于未签订书面劳动合同而产生的二倍工资差额部分处理：我国《劳动合同法》规定，"用人单位自用工之日起超过一个月但不满一年未与劳动者订立书面劳动合同的，应当向劳动者支付二倍的月工资"，该项规定其目的在于规范企业用工、保护处于相对弱势的劳动者。对于该项的二倍工资的差额部分明显是具有惩罚性质，而企业进入破产程序之后，鉴于对债权人的公平，不应认定为职工债权，可将其作为普通债权处理。

（3）关于破产受理前债务人董事、监事和高级管理人员的工资处理：破产企业的董事、监事和高级管理人员的工资按照该企业职工的平均工资计算作为职工债权清偿，高出该企业职工平均工资计算部分，可以作为普通破产债权予以清偿。如前所述，该项规定按照体系解释适用于破产清算程序。由于债务人董事、监事和高级管理人员往往工资标准较高，同时其对企业的整个运营负责，企业进入破产程序与其有不可推卸的责任，在这种情况下仍然优先获取高报酬，这对债权人是不公平的，因此高于平均工资的部分作为普通债权清偿，需要其申报债权。而在破产重整和破产和解之下，还需要这些人员的积极配合和参与，因此按照原标准确定职工债权，有利于提升其参与重整或和解的积极性。建议管理人在职工债权公示时予以明确，如企业转入破产清算程序，则董事、监事和高级管理人员的工资按照企业职工的平均工资计算作为职工债权清偿。

二、医疗、伤残补助、抚恤费用

破产法规定的该项职工债权主要是因疾病或死亡引发的补偿性质的债权。根据《社会保险法》《工伤保险条例》等规定，职工因病或因公遭受事故伤害或者患职业病进行治疗，享受医疗或者工伤医疗保险待遇。工伤被鉴定为一级至十级伤残的，依法享受伤残补助费用，以及解除合同时的一次性伤残补助金。职工因工死亡时，涉及抚恤费等。因此，债务人欠职工的医疗、伤残补助费用，包括两个部分：第一，本应由债务人支付给职工的医疗补助费用，即住院伙食补助费、生活护理费、异地就医的交通、住宿费以及停工留薪期内的原工资福利待遇。第二，债务人应当参加医疗保险或工伤保险而未参加的，未缴纳保险期间债务人的职工如果发生疾病或工伤，由债务人按照医疗保险待遇或者工伤保险待遇项目和标准支付相关费用。如果企业为职工缴纳了医疗保险、工伤保险，则保险基金予以支付的外，企业应当承担的如一次性就业补助金等应当列入职工债权。

实践中很多企业尤其是民营企业出于用工成本的考虑，不缴纳或未按时缴纳社会保险的情况较为常见。这种情况下，导致职工无法享受相关保险待遇，对此因欠缴和未缴社保，职工无法享受工伤、医疗、失业、生育相关待遇所造成的实际损失，予以认定为职工债权。但具体待遇损失应当根据统筹地区的政策予以确认，对于医疗报销比例等，管理人可以函请当地社保机构予以协助确认。对于临近退休的职工，其养老保险和医疗保险因为用人单位欠缴或者未缴导致不足缴费年限，退休后无法享受相关待遇的，应结合单位应缴却未缴年数，按比例计算损失额度。另外，需要指出的是该项损失属于债权，因此企业可与职工在法定的待遇额度范围内进行协商，如不损害债权人利益的，该协议是有效的，管理人可以予以确认。企业承担的抚恤费用主要是职工因工伤亡的抚恤费用，主要包括丧葬补助金、供养亲属抚恤金和一次性工亡补助金等。该项费用的权利主体是死亡职工的亲属。

三、应当划入职工个人账户的基本养老保险费用、基本医疗保险费用

关于应当划入职工个人账户的基本医疗保险费用，根据我国的《社会保险法》以及《关于建立城镇职工基本医疗保险制度的决定》等相关规定，用人单位及其职工应当参加基本医疗保险，由用人单位和职工共同缴纳保险费。职工个人缴纳部分进入职工个人账户，属于职工债权。用人单位缴纳的基本医疗保险费分为两部分：一部分计入社会统筹账户，该部分不属于职工债权；另一部分划入职工个人账户，该部分属于职工债权。而用人单位缴纳的划入个人账户的医疗保险的具体比例，各省份的规定是不一样的，管理人需要检索当地的社保政策或者直接和医疗保障局进行对接函询。

关于应当划入职工个人账户的基本养老保险费用，根据国务院2005年12月颁布的《关于完善企业职工基本养老保险制度的决定》，从2006年1月1日起，单位缴纳的部分不再划入个人账户，个人账户全部由个人缴费形成。因此，关于此类债权需要以2006年1月1日为节点按照前后不同的政策进行处理。根据破产法第四十八条第二款规定可见，在统计职工债权时，需要统计的是职工基本养老保险个人缴纳部分欠缴金额、基本医疗保险个人缴纳部分欠缴金额以及基本医疗保险用人单位缴纳部分按统筹地区制度规定确定的应划入个人账户部分。

除医疗保险和社会保险外，对于破产法未规定的失业保险、工伤保险、生育保险均未设置个人账户，无论是个人还是企业所缴纳的金额均不会归个人所有，因此不属于职工债权范围。后文将会对此类债权进行更为详细的分析。

四、住房公积金

住房公积金"是指国家机关、国有企业、城镇集体企业、外商投资企业、城镇私营企业及其他城镇企业、事业单位、民办非企业单位、社会团体及其在职职工缴存的

长期住房储金"。根据《住房公积金管理条例》的相关规定，职工住房公积金账户金额由单位缴存和个人缴存两部分组成。单位缴存部分由职工所在单位每月为其缴存，职工个人缴存部分由其所在单位每月从其工资中代扣代缴。与基本养老社会保险费、基本医疗保险费分为个人和社会统筹两部分不同，住房公积金的缴存，不管是单位缴存部分还是个人缴存部分都是计入职工个人住房公积金账户，属于职工个人账户所有。

破产法对于职工债权住房公积金没有规定，关于该项欠付金额的处理，最高人民法院印发的《全国法院破产审判工作会议纪要》第二十七条的指导建议是"债务人欠缴的住房公积金，按照债务人拖欠的职工工资性质清偿"。因此，住房公积金债权属于职工债权，由管理人负责调查核实后予以公示。

但是需要指出的是，公积金和社会保险的缴纳规则有差异，需要企业申报后，公积金征缴部门才列入征缴计划，如果企业未申报，该项费用在公积金中心是无欠费记录的。因此管理人在对该项债权进行调查时，在确认职工劳动关系存续期间的前提下，如果在此周期内没有缴纳公积金，可与公积金征缴部分进行对接、查询职工前期的缴纳情况后直接进行计算，并将该项费用作为职工债权对职工进行支付或补缴。

五、法律、行政法规规定应当支付给职工的补偿金

根据破产法的规定，法律、行政法规规定应当支付给职工的补偿金也属于职工债权范围。但是需要注意的是，仅限于法律、行政法规规定内的应当向职工支付补偿金的法定情形。对于国务院各部委、各级地方政府及地方政府各部门制定的行政规章或发布的行政命令中规定的补偿金，均排除在本项规定的范围之外。目前涉及法律、行政法规规定应当支付给职工的补偿金主要是解除合同后的经济补偿金。

六、由第三方垫付的职工债权

实践中，债务人企业之外的主体处于各种因素的考虑，为债务人企业垫付了其欠付的职工债权，该垫付款项的清偿最高人民法院在《关于正确审理企业破产案件为维护市场经济秩序提供司法保障若干问题的意见》（法发〔2009〕36号）第五条，以及《全国法院破产审判工作会议纪要》第二十七条规定予以了指导性处理，"由第三方垫付的职工债权原则上按照垫付的职工债权性质进行清偿；由欠薪保障基金垫付的，应按照企业破产法第一百一十三条第一款第二项的顺序清偿。"最高院如此处理的缘由主要是因为职工债权本属于第一顺位，垫付同时也解决了职工问题。将其列入第一顺位，也有利于提升第三方垫付资金解决职工问题的积极性。

但是需要注意的是，管理人需要对第三方的垫付款进行严格审查，在查明该垫付是属于职工债权的垫付，且该垫付资金已到位的事实下，应将该债权列入第一顺位进行清偿。另外，如果垫付主体属于欠薪保障基金垫付的，则列入第二顺位清偿。对于债务人向第三方借款，从而支付给劳动债权人的工资等，该债权人的债权不应以"职工债权"性质进行清偿，应按照正常的债权申报确认。

另外关于"第三人"的认定，法律法规均没有明确的规定。理论上只要是除债务人企业之外的主体垫付的债务人企业应当给付的职工债权范围内的资金，都应当认定为"第三人"垫付。目前存在争议的是职工自身垫付的是否属于第三人垫付？实践中，存在职工垫付企业欠缴的社会保险费用情况，该垫付能否视为"第三人"垫付呢？笔者认为不应当认定。最高人民法院的指导性意见明确"第三人"垫付的是职工债权，而社会保险费用属于第二顺位的债权，不属于职工债权范围，因此职工垫付社会保险费用不属于该条规定情形。

七、集资款

关于职工集资款，是指"以企业为主的市场主体为了自身生产、经营、运行等需要，向职工借款或者融资而发生的负债"。职工集资权本质上属于借贷法律关系，但是也有其特殊性，主体是职工与企业之间，借款用途是为企业的生产经营，借款行为局限于企业内部。最高人民法院《关于审理企业破产案件若干问题的规定》（法释〔2002〕23号）第五十八条规定："债务人所欠企业职工集资款，参照企业破产法第三十七条第二款第（一）项规定的顺序清偿。但对违反法律规定的高额利息部分不予保护。破产财产不足清偿同一顺序的清偿要求的，按照比例分配。"从这一条款可以看出，职工集资款被最高院进行了扩大解释，将其视为职工债权进行清偿。目前，该规定还未废止，因而继续适用。

八、待岗生活费

关于停产待岗期间的待遇问题，法律并未明确规定，国家人力资源和社会保障部出台的《工资支付条例》规定"劳动者没有提供正常劳动，按国家有关规定办理"[①]。各省级的规定也存在差异，但基本指向一致，非因劳动者的原因导致

---

① 《工资支付暂行规定》第十二条"非因劳动者原因造成单位停工、停产在一个工资支付周期内的，用人单位应按劳动合同规定的标准支付劳动者工资。超过一个工资支付周期的，若劳动者提供了正常劳动，则支付给劳动者的劳动报酬不得低于当地的最低工资标准；若劳动者没有提供正常劳动，应按国家有关规定办理。"

的停产待岗期间用人单位应当支付相应的生活费,需要确定的是支付标准。首先需要对职工"停产待岗"的性质进行调查确定;其次在符合支付生活费的前提下,按照当地的政策规定予以发放生活费。对此期间支付的生活费标准应结合四个因素确定:一是支付标准须符合法律规定;二是需要考虑各区域的类案效应;三是职工群体的稳定;四是考虑破产案件的整体大局。

超过一个工资支付周期,没有提供劳动的,各地政策待岗期间工资标准有差异。根据笔者检索到的各地政策,江苏省要求待岗期间不低于当地最低工资标准的80%支付劳动者生活费,须同时承担应当由劳动者个人缴纳的社会保险费和住房公积金。天津要求待岗期间不得低于本市最低工资标准。吉林要求待岗期间不低于当地最低工资标准的70%。《北京市工资支付规定》第二十七条的规定,非因劳动者本人原因造成用人单位停工、停业的,在一个工资支付周期内,用人单位应当按照提供正常劳动支付劳动者工资;超过一个工资支付周期的,可以根据劳动者提供的劳动,按照双方新约定的标准支付工资,但不得低于本市最低工资标准;用人单位没有安排劳动者工作的,应当按照不低于本市最低工资标准的70%,职工工资应当计算至劳动合同解除或终止之日。实践中,针对非因劳动者本人原因造成的停工停产下的工资支付问题,全国部分省市做法亦与北京市相似,未超过一个工资支付周期的,用人单位应当按照劳动合同约定的工资标准支付劳动者工资,对于超过一个工资支付周期、未解除劳动关系前、劳动者待岗期间确未提供劳动期间可以按照双方协商一致的标准支付。

九、不属于职工债权范围的债权

(一)职工出借给企业的款项不属于职工债权

不能按照《最高人民法院<关于审理企业破产案件若干问题的规定>》(法释〔2002〕23号)第五十八条第一款之规定参照职工债权顺位予以清偿,只能列为普通债权;同时,第五十八条第二款也明确了职工向企业的投资款,不属于破产债权。

(二)关于职工股金

在我国国有企业改制过程中出现了一种职工债权的处理方式,即将职工工资强制按照1比1配置向企业进行投资,形成职工股权。因而,在该企业进入破产程序后该部分的股权也成为安置过程中需要解决的一个问题。从理论及立法上来看,股金属于投资行为,投资有风险,现企业进入破产程序已经无法收回投资、进行分红，因而股金不应当纳入职工安置范围。但是实践处理中，由于该项股金的形成有特殊性，是属于改制政策的强制行为，对职工来讲非自愿投资行为，不纳入安置范围将引起职工的强烈不满，因而在有些地方就将这部分股金也纳入职工安置范围，但这仅限于政策性破产企业。非政策性破产企业中职工的股权直接按照股东身份进行处理。

（三）债务人所欠的应当划入社会统筹部分的社会保险费用

对于债务人所欠的应当划入社会统筹部分的社会保险费用是否应当申报并未加以明确规定。苏州市中级人民法院在《苏州地区法院审理企业破产重整案件的经验》中认为社会保险费用无论是划入职工个人账户的部分还是划入社会统筹的部分，均与相应职工的权益密不可分，只有两个部分的社会保险费用均予以缴纳，职工的社保利益才能真正享有；而如果社保中心怠于行使申报权利，管理人又依据法条之规定对社会统筹部分不予调查核实，职工的相应权利必将难以得到保障。对此，在对债务人企业进行破产清算时，要求管理人应与社保中心做好协调配合工作，主动审查核实职工的社会保险费用，包括纳入个人账户部分和纳入社会统筹部分。

第五节 职工债权调查与确认

一、职工债权调查原则

（一）依法原则

在破产程序中，职工债权处理需要依法进行，包括职工债权的范围、调查方式、认定及异议处理等都必须有法律依据。职工债权处理必须要遵循依法处理原则，这是解决职工问题的首要原则。破产程序需要依法进行，职工问题作为破产程序中的重要环节，当然也应当依法进行，这也是法治的必要要求。只有各个环节都依法实施，才能将职工权益保障落到实处。职工债权的核定需要严格依法进行，要确保每一笔最终确认的债权都有法律依据、证据支撑。

（二）效率原则

为稳定职工情绪，促进破产程序的有序进行，职工债权的核查需要有步骤、有计划的高效推进。而且管理人要主动地通过各种方式进行调查，切实地保障和维护职工的合法权益。实践中破产程序的时间往往短则一年长则数年，长期的等待容易造成职工情绪的不稳定，因此除对职工债权要提高效率予以确定外，还需要增强破产程序的进程效率，尽早将职工债权落实到位。

（三）公平原则

在职工债权处理中对同性质职工的处理方式、清偿顺位、清偿比例等采取统一的认定标准。这是职工债权处理的核心原则。破产程序的价值之一就是公平，对全体债权人的公平。同一性质，同一标准，同一对待。差异性对待，不仅违背法律的公平性特性，而且极易引发职工的不满。

（四）尊重职工意愿原则

尊重职工意愿是指在职工债权处理过程中要尊重职工的选择，充分考虑职工的意思表示，给予职工相应的选择权，这是职工债权处理的重要原则。职工债权属于职工私权，职工作为权利主体可以根据权利内容行使权利。破产程序中，职工债权的处理一定要和职工进行充分的沟通交流、调查，在法律的范围内尊重职工的选择，满足其权利诉求，尊重职工的知情权、参与权、表达权和监督权。

（五）大局原则

在对职工债权处理中要有大局观，维护社会稳定、保障职工权益。企业进入破产程序使得职工的"饭碗"被打破，引发职工的恐慌与不满，职工问题属于民生问题，必须要做好与职工的沟通工作，在法律框架下最大限度地保障职工债权的实现。做好舆情防控，确保妥善处理。职工债权的调查和确认，是一项细致又琐碎的工作，需要管理人灵活运用，通过多渠道、多角度综合审查确认职工身份、债权的金额，尤其在缺少相关认定依据的情况下，更需要管理人提高主观能动性，谨慎核查并出具债权清单。

二、职工债权调查方式

管理人应当全面了解企业职工债权的相关情况，包括但不限于向债务人企业的法定代表人、工会、人事部门、财务部门、职工本人、社保机构等相关部门及人员调查核实职工情况。具体的调查方式个案有所区别，管理人可以根据具体情况灵活掌握。另外需要指出的是，虽然法律规定职工债权无须申报，管理人主动进行调查确认。但是实践中如果职工主动申报债权的，管理人也需进行接收、登记、核实、确认。

三、职工债权调查的相关证明文件

职工债权的调查内容需要围绕职工的身份认定和职工债权的范围进行，包括但不限于以下材料。

（1）公司职工基础信息：包括但不限于姓名、年龄、性别、身份证号、职位、职务（如是企业高级管理人员请标明）、参加工作时间以及在债务人企业连续工作时间、受理破产申请前12个月工资情况、签订的劳动合同情况及劳动合同、是否存在拖欠职工工资（如拖欠，请列明拖欠时间及数额）、是否欠缴社会统筹保险（如拖欠，请列明拖欠具体情况）、是否办理停保（停保时间）、应当划入职工个人账户的基本养老保险、基本医疗保险情况、其他社会保险缴纳情况等。

（2）不在岗职工（包括下岗、退养、劳务、培训、借调、停薪留职人员或以其他任何形式分流的）基本情况：包括但不限于姓名、年龄、性别、身份证号、职位、职务（如是企业高级管理人员请标明）、不在岗原因、参加工作时间以及在债务人企业连续工作时间、受理破产申请前12个月工资情况、签订的劳动合同情况及劳动合同、是否存在拖欠职工工资（如拖欠，请列明拖欠时间及数额）、是否欠缴社会统筹保险（如拖欠，请列明拖欠具体情况）、是否办理停保（停保时间）、应当划入职工个人账户的基本养老保险、基本医疗保险情况、其他社会保险缴纳情况等。

（3）企业工会组织的情况、与工会签订的集体劳动合同或协议情况，如有，需要收集相关的劳动合同或协议。

（4）企业劳动相关规章制度。

（5）债务人企业集资款情况。

（6）是否存在拖欠职工垫付款（包括但不限于差旅费、报销款）的情况。

（7）是否存在职工拖欠、占用债务人企业资金、实物情况。

（8）职工工伤及职业病、重大疾病情况，包括但不限于已发生未处理的、产生纠纷的、达成协议的等。

（9）抚恤人员情况，要对具体的抚恤事项及主体进行核实，同时也需要调查是否按照法律规定相关抚恤费用。

（10）企业离退休人员待遇及管理情况，虽然职工已经离退休，但是涉及离退休人员欠付的职工债权或者应当享受未享受的离退休相关待遇应当予以核实。

（11）关于停产停业期间拖欠的生活费情况，进入破产程序的企业在破产程序启动前往往存在停产停业状态，对此管理人需调查停产停业时是否与职工达成协议，是否支付职工停产待岗生活费。

（12）关于住房公积金缴纳情况：如缴纳，是否存在欠缴情况。

（13）职工医疗、伤残补助、社保费用、抚恤费用、补偿金等项费用的欠付明细。

（14）债务人企业与职工的其他债权债务关系（房补等）。

（15）其他与职工债权相关材料：原有职工安置方案。

四、职工债权调查时效审查

在对职工债权进行调查认定时，虽然职工为弱势群体，维护职工权益是管理人的应尽职责，但是对于于法无据的职工债权也不能予以确认。实践中，主要涉及的是超过时效的职工债权。根据《最高人民法院关于审理企业破产案件若干问题的规定》（2002年9月1日实施）第六十一条之规定，其中"不属于破产债权的情形包括超过诉讼时效的债权"，以及《广东省高级人民法院关于印发〈广东省高级人民法院关于审理企业破产案件若干问题的指引〉的通知》（粤高法发〔2019〕6号）第十八条、第七十六条之规定，"对债权人资格的确认和债权申报的审查时，都要主动适用诉讼时效对债权进行审查"。

职工债权也是属于债权类型之一，都是属于企业负债。管理人在审查认定职工债权时也需要适用一般审查债权的原则。企业破产法第四条规定，破产案件审理程序没有规定的，适用民事诉讼法的有关规定。因此，管理人审查职工债权时应当适用劳动争议调解仲裁法第二十七条规定的仲裁时效进行审查，即"劳动争议申请仲裁的时效期间为一年，仲裁时效期间从当事人知道或者应当知道其权利被侵害之日起计算；如有特殊情况，仲裁时效可以中断或中止。"广东省高级人民法院于2019年3月6日作出的（2018）粤民终2184号民事判决书亦持上述观点，即职工债权的当事人知道或者应当知道其权利被侵害之日起计算一年期的仲裁时效，超过仲裁时效的职工债权不予确认。

需要特别注意是否存在企业破产法第一百三十二条的情形[①]。如果有新旧法不同的处理规定情形，则需要在职工债权清单中予以明确。

五、职工债权无须人民法院裁定确认

破产法明确规定，职工债权是由管理人调查后列出清单并予以公示，企业破

[①]《中华人民共和国企业破产法》第一百三十二条　本法施行后，破产人在本法公布之日前所欠职工的工资和医疗、伤残补助、抚恤费用，所欠的应当划入职工个人账户的基本养老保险、基本医疗保险费用，以及法律、行政法规规定应当支付给职工的补偿金，依照本法第一百一十三条的规定清偿后不足以清偿的部分，以本法第一百零九条规定的特定财产优先于对该特定财产享有担保权的权利人受偿。

产法并没有规定职工债权清单需要提交债权人会议核查。另，债务人、债权人对债权表记载的债权无异议的，由人民法院裁定确认，但企业破产法并没有规定职工债权需要人民法院作出裁定予以认可，无异议的职工债权清单只需报人民法院审查备案后即可作为清偿的依据。正是因为没有核查和确认程序，对于管理人来讲更好尽到审慎审查核实义务，做到全面维护职工合法权益，同时也不损害其他债权人利益。

第六节 关于职工社保保险相关债权在破产程序中的定性与确认

职工社保问题不仅仅涉及职工权利，还影响社会稳定及破产程序进程。但是由于社保问题较为复杂，因此在有些破产案件中成为职工矛盾的焦点和难点，管理人须依法稳妥处理。依照《中华人民共和国社会保险法》规定，为职工缴纳社保是企业的法定义务。现职工主张权利，应当依法予以保障。

之所以职工社会保险没有直接表述为职工债权，是因为破产法把职工的社会保险相关债权进行了区分。一部分是社会保险费用中应当划入个人账户的基本养老保险、基本医疗保险费用，属于职工债权，权利主体为职工，列入第一顺位，而关于欠缴的除前项规定以外的社会保险费用列入第二顺位，即通常所称的社保债权，权利主体为社会保险经办机构（改革后为社会保障局、医疗保障局），在关于社会保险的征缴分工上，一把情况下，社会保障局负责养老保险、失业保险，医疗保障局负责医疗保险、工伤保险、生育保险。（2018年7月，中共中央办公厅、国务院办公厅印发《国税地税征管体制改革方案》，从2019年1月1日起，基本养老保险费、基本医疗保险费等各项社会保险费已由税务部门统一征收）。正是因为破产法对社保保险相关的费用进行了不同的定位，因此在理论上债务人企业进入破产程序后，对所欠的社保保险费用需要进行不同的处理。划入个人账户部分无须申报，而欠缴的统筹账户的需要相应机构进行申报。虽然社保债权不属于职工债权，但是因与职工权益相关，因此本书将其放到本节进行阐述。

一、关于划入个人账户的基本养老保险、基本医疗保险费用的确认

（一）关于划入个人账户的基本养老保险

《中华人民共和国社会保险法》第十条规定："职工应当参加基本养老保险，

由用人单位和职工共同缴纳基本养老保险费。"第十一条规定:"基本养老保险实行社会统筹与个人账户相结合。基本养老保险基金由用人单位和个人缴费以及政府补贴等组成。"据此,应当缴付的基本养老保险中包含个人缴费和单位缴费两个部分。第十二条规定:"用人单位应当按照国家规定的本单位职工工资总额的比例缴纳基本养老保险费,记入基本养老保险统筹基金。职工应当按照国家规定的本人工资的比例缴纳基本养老保险费,记入个人账户。"可见,基本养老保险费用在缴纳后,缴纳费用会按照比例分为两个方向,一是进入个人账户,剩下的部分进入社会统筹账户。

关于缴费比例,1995年3月17日开始执行的《国务院关于深化企业职工养老保险制度改革的通知》(国发〔1995〕6号),该通知第三条规定:"基本养老保险费用由企业和个人共同负担。实行社会统筹与个人账户相结合。"其后的附件一第二条"建立基本养老保险个人账户"的第(二)款规定:"基本养老保险个人账户按职工工资收入16%左右的费率记入,包括:1. 职工本人缴纳的全部养老保险费。2. 从企业缴纳的养老保险费中按个人缴费工资基数的一定比例划转记入的部分。上述两项合计为11%左右。随着个人缴费比例的提高,从企业划转记入的比例相应降低。3. 从企业缴纳的养老保险费中按当地职工月平均工资的5%左右划转记入的部分。"《国务院关于建立统一的企业职工基本养老保险制度的决定》(国发〔1997〕第26号)指出"三、企业缴纳基本养老保险费(以下简称企业缴费)的比例,一般不得超过企业工资总额的20%(包括划入个人账户的部分),具体比例由省、自治区、直辖市人民政府确定。少数省、自治区、直辖市因离退休人数较多、养老保险负担过重,确需超过企业工资总额20%的,应报劳动部、财政部审批。个人缴纳基本养老保险费(以下简称个人缴费)的比例,1997年不得低于本人缴费工资的4%,1998年起每两年提高1个百分点,最终达到本人缴费工资的8%。有条件的地区和工资增长较快的年份,个人缴费比例提高的速度应适当加快"。同时进一步明确"四、按本人缴费工资11%的数额为职工建立基本养老保险个人账户,个人缴费全部记入个人账户,其余部分从企业缴费中划入。随着个人缴费比例的提高,企业划入的部分要逐步降至3%。个人账户储存额,每年参考银行同期存款利率计算利息。个人账户储存额只用于职工养老,不得提前支取。职工调动时,个人账户全部随同转移。职工或退休人员死亡,个人账户中的个人缴费部分可以继承。"2005年12月3日国务院发布《国务院关于完善企业职工基本养老保险制度的决定》(国发〔2005〕38号),其第六条规定:"改革基本养老金计发办法。为与做实个人账户相衔接,从2006年1月1日起,个人账户的规模统一由本人缴费工资的11%调整为8%,全部由个人缴费形成,单位缴费不再划入个人账户。"

据此可以看出,关于基本养老保险费用,我国在建立养老保险制度初期施行的政策是从单位缴费部分划转本人缴费工资3%～8%不等比例的金额到职工个人账户。但自2006年1月1日起,企业缴纳的基本养老保险费用就不再划入职工个人账户,个人账户全部由个人缴费形成。换个角度讲,即个人缴费后再由社保机构返回到个人账户。因此,在破产实务中,很多人将"个人账户"等同于"个人缴费",认为划入个人账户的基本养老保险费用自2006年起不存在了。对此笔者认为,从破产程序的操作来看,这样处理没有问题。但是还需要考虑个案的具体情形,一是社保欠费的时间节点,如果是2006年之前的单位缴费部分还有相应比例划入个人账户;二是如果企业已经代扣的,则该部分需要列入个人账户,如果没有代扣的,则该部分没有形成债权。

(二)关于划入个人账户的基本医疗保险费用

《中华人民共和国社会保险法》第二十三条规定:"职工应当参加职工基本医疗保险,由用人单位和职工按照国家规定共同缴纳基本医疗保险费。"1998年12月14日国务院发布《国务院关于建立城镇职工基本医疗保险制度的决定》(国发〔1998〕44号)第二条规定:"基本医疗保险费由用人单位和职工共同缴纳。用人单位缴费率应控制在职工工资总额的6%左右,职工缴费率一般为本人工资收入的2%。随着经济发展,用人单位和职工缴费率可作相应调整。"第三条规定:"要建立基本医疗保险统筹基金和个人账户。基本医疗保险基金由统筹基金和个人账户构成。职工个人缴纳的基本医疗保险费,全部计入个人账户。用人单位缴纳的基本医疗保险费分为两部分,一部分用于建立统筹基金,一部分划入个人账户。划入个人账户的比例一般为用人单位缴费的30%左右,具体比例由统筹地区根据个人账户的支付范围和职工年龄等因素确定。"

各省甚至各地市结合本地的经济发展情况确定了不同的比例。如沈阳市劳动和社会保障局、沈阳市财政局、沈阳市地方税务局于2009年1月12日联合发文《沈阳市劳动和社会保障局、沈阳市财政局、沈阳市地方税务局关于沈北新区和苏家屯区城镇职工基本医疗保险缴费比例的通知》(沈劳社发〔2009〕3号)规定"自

2009年起在原规定单位缴费比例基础上,逐年提高0.5个百分点,至2012年达到8%缴费比例。2009年用人单位缴费比例为6.5%。除此之外,沈北新区、苏家屯区参加城镇职工基本医疗保险的个人缴费比例、个人账户划账比例、灵活就业人员参保缴费比例等均按市级统筹有关政策规定执行。"北京市医疗保障局、北京市财政局于2021年1月11日发文《北京市医疗保障局、北京市财政局关于调整本市城镇职工基本医疗保险缴费比例的通知》(京医保发〔2021〕1号)规定"自2021年1月起,本市城镇职工基本医疗保险(含生育保险)单位缴费比例降低1个百分点,由现行的10.8%调整至9.8%;个人缴费比例不作调整。"

对于划入个人账户的比例,如青岛市人力资源和社会保障局于2012年3月29日在《关于调整城镇职工基本医疗保险统筹金与个人账户比例的通知》(青人社发〔2012〕19号)中指出:"从2012年4月1日起,调整医疗保险统筹金与个人账户比例。参保职工个人账户记入标准为:在职职工35周岁以下的,按照本人缴费工资的2%记入;在职职工35周岁及以上45周岁以下的,按照本人缴费工资的2.2%记入;在职职工45周岁及以上的,按照本人缴费工资的3%记入;退休人员按照本人养老金的4.5%记入。其中,70周岁以下月记入额低于80元的按80元记入;70周岁及以上月记入额低于90元的按90元计入。"嘉兴市人力资源和社会保障局在《嘉兴市人力资源和社会保障局关于统一全市城乡居民基本医疗保险政策和调整2018年度市本级职工基本医疗保险有关规定的通知》中指出"(一)参加职工基本医疗保险统账一的,按以下标准建立个人账户:1.在职职工:35周岁(含)以下80元/月,35周岁以上至45周岁(含)95元/月,45周岁以上110元/月。2.退休人员:75周岁(含)以下125元/月,75周岁以上140元/月。(二)参加职工基本医疗保险统账二的,按以下标准建立个人账户:1.在职职工(含双缴双保人员):35周岁(含)以下105元/月,35周岁以上至45周岁(含)125元/月,45周岁以上145元/月。2.退休人员:75周岁(含)以下165元/月,75周岁以上185元/月。"南通市医疗保障局《关于调整统一全市医疗保险有关规定的通知》(通医保发〔2019〕70号)规定:"全市职工医保个人账户资金划入比例分年龄段,按照本人年度缴费基数的一定比例确定:35周岁(含)以下按2.5%;35周岁以上到45周岁(含)按3.5%;45周岁以上按4.5%。退休人员按照本人上年度退休养老金总额的5%划入。退休人员个人医疗账户计入资金低于以下最低计入标准的,按以下标准计入:70周岁(含)

以下的600元，70周岁以上至80周岁（含）的800元，80周岁以上的1000元。建国前参加革命工作的老职工每年仍另增加200元。"

综上，关于基本医疗保险费用明确了应当划入个人账户，且划入个人账户的资金非单纯的以个人缴费基数为核算比例的依据，各地市的政策规定有差异，且根据不同年度或者统筹账户的资金能力等因素进行调整，因此管理人在处理过程中，需要积极与征缴机构进行对接，了解最新的政策规定，做出相应的处理。

（三）关于划入个人账户的基本养老保险、基本医疗保险费用的处理

通过以上分析可以看出，基本养老保险费用划入个人账户部分以2006年1月1日为节点进行区分处理，2006年1月1日之前的个人账户部分为个人缴费加单位缴费不分划入，合计达到11%；2006年1月1日起的个人账户部分为个人缴费金额。基本医疗保险划入个人账户部分根据各地的政策规定予以核算。

另外，需要说明的是，在破产法中的社保费用不论是划入个人账户的还是欠缴社保机构的，前提是债务人企业应当要承担的义务，即单位承担部分。而对于个人缴费不分的义务主体是职工个人，因此该部分不属于企业欠缴。

《中华人民共和国社会保险法》第六十条规定："职工应当缴纳的社会保险费由用人单位代扣代缴，用人单位应当按月将缴纳社会保险费的明细情况告知本人。"中华人民共和国人力资源和社会保障部于2011年06月29日颁布的《实施〈中华人民共和国社会保险法〉若干规定》（人力资源和社会保障部令第13号）第二十条规定："职工应当缴纳的社会保险费由用人单位代扣代缴。用人单位未依法代扣代缴的，由社会保险费征收机构责令用人单位限期代缴，并自欠缴之日起向用人单位按日加收万分之五的滞纳金。用人单位不得要求职工承担滞纳金。"据此，用人单位有对职工个人缴费部分承担代扣代缴义务。但总有单位未履行代扣代缴义务的例外，尤其是债务人企业进入困境，职工工资无法发放，自然也无从代扣代缴。因而，在破产程序中管理人需要根据具体情况进行区分处理，如果用人单位已经代扣代缴的，则划入个人账户的列入职工债权，如果单位还未代扣代缴的，则个人账户部分涉及的养老保险部分按照前文所述原则，2006年之前的企业缴费不分应划入个人账户的计入职工债权，如无2006年之前的欠付情况，则无此类债权。对于医疗保险部分，核算更为复杂，需要根据当地政策，按照单位和职工不同的缴费比例，结合划入个人账户的资金额按照比例列入职工债权。其余部分都属于社保债权范围。总而言之，管理人应该按照社会保险法的相关规

定，按照相应比例将社保费用分为职工债权和社保债权。

二、关于欠缴的除前项规定以外的社会保险费用

关于欠缴的除前项规定以外的社会保险费用是进入社会统筹账户的费用，由于其处于第二顺位，因此依据破产法的规定，其在破产程序后的确认应当按照正常的债权确认程序进行，即权利人申报—管理人审查—债权人会议核查—法院确认。对此确认程序，学界基本达成共识，但是在实务操作中的问题凸显。

第一，关于此类债权的申报主体。目前社会统筹账户的社保债权征缴主体为人力与社会保障局（具体负责人为社会保障局、医疗保障局），由税务机构代收。实务中的争议是，社保债权的申报主体是税务机关还是社保征缴机构。本书笔者认为应当由社保征缴机构进行申报。因为税务机关只是代为征收机关，其征收的依据来源于具体的社保征缴机关的征缴计划。而债务人企业欠付的社保费用的具体金额随着欠费周期是有变化的，主要是职工人员的增减、滞纳金或利息的变化、补缴时的政策等影响。该数据需要社保征缴机构进行核实。另，社会保险征缴机构对用人单位的情况较为清楚，同时又是社保纠纷的行政管理机关。由其作为社保债权的申报主体能够更准确地核算社保债权金额，也能够更高效地处理职工社保问题。

第二，关于社保债权的确认。前文已述，社保债权是除划入个人账户之外的用人单位需要承担的基本医疗保险、基本养老保险部分，以及全部由用人单位缴付的生育保险、工伤保险，失业保险中单位应当承担的部分。社保债权在破产程序中的清偿数额按照相应社会保险征缴机构申报后经确认的金额为准。目前存在的问题是，如果社保征缴机构未申报如何处理？理论上讲，未申报则在破产程序中不予进行清偿安排，将承担未申报的不利后果。但是该部分费用又与职工社保待遇的享受息息相关，如果不予补缴、清偿，则直接影响职工权益，如若债务人企业破产清算注销，职工权益无从保障，如若重整或和解成功，职工的相关损失又由债务人企业承担。实务中，社保债权未申报的现象虽然随着破产法的实施有所改善，但是依然屡见不鲜，甚至是一些社保征缴机构经管理人再三通知，仍然不申报。因而，对此问题面临的窘境是不申报无法安排清偿，不清偿损害职工权益，同时也影响企业的重整或和解效果。从实务角度出发，破产法将社保保险费用分为两部分处理，只有在债务人财产不足以支付第二顺位的债权以及个人承担部分已经代扣时有意义，如果债务人资产能够完全覆盖或者个人部分就没有代扣的，此时进行区分反而造成操作困难。笔者建议破产法对此进行完善，将社保债权作为特殊债权处理，单独列入

第二顺位,且明确规定确认方式同职工债权无须申报。

第七节 破产案件中职工社会保险问题的具体情形梳理与处理

社保问题因职工身份的确定、社保险种的不同等因素导致破产案件中社保问题较为复杂。社保直接涉关职工的合法权益,因此管理人在对债务人企业的债权进行摸底时,对于职工社会保险的缴付情况也应当摸清。关于职工的社会保险缴付情况,管理人可以和社会保险经办机构进行对接,通过债务人企业在社会保险经办机构开设的社保账户拷回社保回盘,通过社保回盘显示的信息了解查询每个职工的参保情况。对于个别职工来讲,也可以通过职工提供的社保卡号和查询密码,通过网络方式进行查询,也能够获知企业职工的缴费情况。

一、破产案件中职工社会保险存在的问题梳理

第一种情形:一直未缴纳社会保险。该情形为职工入职后一直未给职工缴纳社会保险,未缴原因分为两种:一是企业方恶意不缴纳;二是职工自愿不缴纳,有的企业职工直接向企业签订自愿不缴纳社保承诺书或协议。

第二种情形:未及时缴纳社会保险。该情形是职工已经入职债务人企业,依法应当开始缴纳社会保险,但是企业未及时缴纳,而是经过一段时期才开始缴。即虽然最终为职工开设了社保账户,但是存在时间差。另还有一种情形,即缴纳期间的不连续,比如工作10年,而缴纳期间少于10年的,或前期未缴,或后期或中间停保的情况。

第三种情形:未足额缴纳社会保险。社会保险的缴纳,社会保险法规定了相应的缴纳基数,但是实践中,企业在为职工缴纳社保时往往以最低的工资标准予以缴纳,该情形为已开设社保账户并且按期缴纳,但是存在的问题是未按照实际缴费基数缴。

第四种情形:只选择性缴付部分险种。依据社会保险法的规定,企业应当为职工缴纳的险种包括养老保险、医疗保险、生育保险、工伤保险、失业保险等基本险种。但是,实践中一些企业为降低用工成本,选择性地只给职工缴纳部分险种,常见的只缴纳工伤保险和医疗保险,总之企业为职工缴纳的险种不全。

第五种情形:社保账户欠缴。在破产案件中,企业在出现破产原因后,无法

正常缴纳社保,导致社保账户欠付。即企业履行了为职工缴纳社保的义务,但是受资金或其他因素的考虑,没有按期向社保机构支付社保费用。

第六种情形:其他企业或机构代缴。该情形是债务人企业处于异地用工、节约成本或者母子公司的人员流动等原因,由第三方代替用人单位缴纳社会保险,通常也称为"挂靠代缴"。一般为顺利代缴社保,受托机构一般会与委托方的员工签订名义上的劳动合同,表面上形成"劳动关系",然后向社保经办机构申报并缴纳社保。该情形下的社保关系反映的非真实的劳动关系状态,因此社保代缴属于非合法行为。

第七种情形:职工个人交付部分的代扣问题。依据社会保险法的规定,养老保险以及医疗保险需要职工缴付相应的比例,用人单位可以代扣代缴。实践中存在企业已经每月从职工工资里扣除了职工个人应当缴付的社会保险费用,但是企业并没有及时地缴齐相关社会保险。

第八种情形:职工个人垫付社保费用。债务人企业未缴或欠缴社保,职工为享受社保待遇,自行将个人部分以及单位应当承担的部分一并缴纳的。还有一种垫付情形,劳动者直接以灵活就业者身份办理社会保险登记并自行缴纳本应由用人单位缴纳的社会保险。职工自行缴纳后向债务人企业进行追偿,要求企业承担单位应缴部分费用以及相关的滞纳金或利息。

二、破产案件中职工社会保险问题的处理思路

用人单位为企业缴纳社会保险是其法定义务,因此,为维护职工的合法权益,在破产程序中,管理人对职工涉及的社会保险问题应当以此作为前提和原则。

(一)能够补缴的予以补缴

不论是未及时缴、欠缴、未足额缴,抑或是未缴全的情形,总的原则是能够补缴的尽量给职工进行补缴。在此,笔者需要强调的是,一般企业欠缴社保的情形在本企业内是一个普遍现象,尤其是入职后不及时缴纳社保情况较为严重。一旦补缴,将会大大增加企业债务负担,导致企业无法继续经营或者让投资人望而却步。对于历史欠费的追缴,2018年的国务院常务会议中,人力资源社会保障部、财政部、国家税务总局、国家医疗保障局相关负责人答记者问中指出,要"稳妥处理好历史欠费问题","不得自行组织开展以前年度的欠费清查"。对此,有人误读为"不追缴"。

对于历史欠费的追缴有条件的限制,是考虑到增加企业负担引发企业不稳定,是一个利弊权衡的问题，但并不是不追缴。尤其是在破产程序中，涉及债务人企业的相关债权债务问题理应在破产程序中一揽子解决，如果不处理，职工将来主张权利，依法应当予以支持，那么债务人企业的破产程序将留下后遗症，对职工债权的保护也是不利的。因此，鉴于债务人企业进入破产程序的特殊性，管理人应当积极和当地政府、社保征缴机构进行汇报和沟通，取得相关部门的协助和支持，在破产程序中一揽子解决所有涉及职工的社保问题。

（二）不能补缴的，进行损失赔偿或者补偿

由于各地社保政策的调整，社保账户已经欠付的金额进行补缴没有障碍，而对于没有纳入社保账户的金额如补缴应缴未缴期间的或者应缴未缴险种的，当地的社保政策未必能够补缴，或者补缴的程序非常复杂，相关资料久远无法提供等障碍导致无法补缴的如何处理？未缴社保给职工造成损失，这是客观存在的事实，因此如果真是因客观原因无法补缴，则需要给予职工补偿。最高人民法院关于审理劳动争议案件适用法律问题的解释（一）第一条规定："（五）劳动者以用人单位未为其办理社会保险手续，且社会保险经办机构不能补办导致其无法享受社会保险待遇为由，要求用人单位赔偿损失发生的纠纷；（六）劳动者退休后，与尚未参加社会保险统筹的原用人单位因追索养老金、医疗费、工伤保险待遇和其他社会保险待遇而发生的纠纷；"这两类被认定为劳动争议，相关的诉请人民法院予以支持。原则上该金额为职工的损失金额。但是此类的追索权利属于债权，职工可以进行意思自治，因此如果不能补缴，债务人企业与职工达成补偿协议的，该协议是属于有效的。管理人对协议应当予以认可。另外，该部分金额是否属于职工债权范围呢？答案是肯定的，因该债权是属于劳动债权，如前文所述，该笔债权理应纳入职工债权清偿顺位。

（三）代缴情形的处理

关于代缴情形较为复杂，但不管何种原因，可以确认的事实是债务人企业未依法定方式为职工缴纳社保。在破产程序的处理中，如果职工认可该行为，则对于已经代缴的期间可以予以认可，但是建议尽快转入企业账户下缴纳。如职工有异议的，或者代缴账户欠费的，这部分费用纳入破产程序处理是有障碍的。如果职工有异议只能按照未缴社保处理，但是如果企业垫付了相关代缴社保费用的，职工应当返还。

（四）职工自行垫付社保费用的处理

实务中，在债务人企业未及时缴纳社保，或者欠缴社保时，职工为不影响社保待遇的享受，自行垫付所有的社保费用。对此种情况的处理，各地的规定不一，司法实践判决也不一致。

已有的案例裁判结论有四种：一是不予支持。北京市高级人民法院、北京市劳动争议仲裁委员会关于劳动争议案件法律适用问题研讨会会议纪要（二）表明态度，"劳动者通过其他渠道缴纳保险费包括劳动者自行缴纳和在其他用人单位缴纳两种形式，这两种形式均与劳动关系的真实状态不符，违反社会保险法的规定，对社会保险的登记、核定、缴纳、支付等正常秩序造成影响，因此仲裁委、法院不予支持"。二是不属于劳动争议，驳回。江苏、四川等裁判认为"根据《中华人民共和国社会保险法》第七条第二款之规定，社会保险费的征缴系社会保险行政部门的职责。因此，用人单位欠缴或者拒绝缴纳社会保险费用应当补办、补缴的纠纷，或者用人单位已经为劳动者办理了社保手续，只是双方对缴费基数、缴费年限发生的争议，均不属于人民法院民事受案范围。对此，劳动者想要及时保障自身权益，应依法向社保征缴部门或者劳动行政保障部门主张权利"。三是属于劳动争议，予以支持。劳动争议一年时效。山东省出台的相关文件明确该类争议属于劳动争议，人民法院按照劳动争议予以处理。适用劳动仲裁一年仲裁时效的规定。四是属于不当得利，予以支持。吉林、河南、湖北、包头等地有案例均支持不当得利返还。认为劳动者自行承担社会保险费用的缴纳成本，用人单位未承担任何费用，该情形实际构成了用人单位无任何法律依据获得了相应收益，而劳动者因此受到损失的情况，按照民法典规定，该种情况构成用人单位获取了不当得利。应当按照不当得利进行处理。

立法规定的不明确，各地裁判标准的不统一，直接影响到在破产实务中对该类职工诉求的处理。本书笔者认为对于职工自行垫付社保费用应当按照不当得利予以处理。缴纳社保是用人单位的义务，职工自行缴纳，即履行了单位应当履行的义务，从而将该义务由法定义务转入向职工履行的给付义务，法律关系的主体产生了变动。由行政管理关系转入私主体之间的债权债务关系。但是，对于该不当得利行为的诉讼时效如何确定呢？按照民法典的规定，一般的诉讼时效为三年，从缴纳之日起开始起算。

此外，实务中还需要管理人调查，在自行补缴社保时，职工是否和债务人企业就补缴后的社保费用达成一致意见。往往职工在自行补缴时会基于各种因素的考虑，向债务人企业做出不予追偿的承诺，或签订不予追偿协议。对此需要有个清晰地认识。这是混淆了承诺不缴纳社保和不予追偿的法律效力。承诺不缴纳社保是违反法定义务，而不追偿是职工对自身权利的一种处分，在劳动者做出上述承诺后该承诺即具有合法性。此时，职工再予以追偿的话则不予认定。

第八节　职工债权公示及异议程序

一、职工债权的公示

我国企业破产法第四十八条第二款规定："职工债权不必申报，由管理人调查后列出清单并予以公示。职工对清单记载有异议的，可以要求管理人更正；管理人不予更正的，职工可以向人民法院提起诉讼。"依据上述规定，在管理人接管债务人财产后，应当对企业记载的职工债权进行整理核实，列出清单并公示。

关于公示的方式，破产法并没有明确，理论上公示方式由管理人灵活确定，总的原则是要达到让全体职工能够通过公示获悉自身的债权内容和数额。实务中常采用的公示方式有在企业公示栏张贴、破产专业网站或者企业公开网站公开、或公开报纸媒体端公告等。

关于公示期间，破产法对职工债权清单的公示期未作规定，管理人可以根据案情需要、职工人数、案件的影响力、企业所处区域等具体掌握，但建议不少于15日。

关于公示的内容，对于职工工资等组成部分的公示已经形成范式。实际操作中，主要是对于社保债权的公示需要综合考虑。如果严格按照破产法的规定，只需要公示划入个人账户部分的社保费用，具体划入个人账户的核算原则上文已经阐述得比较清楚。但是在实务中是没有办法操作的，计算也非常麻烦。社保机构也不会让企业直接将个人账户的金额支付给职工，而且也涉及社保机构的统一征收问题，也会带来不便。因此建议除了企业财产不足以支付社保债权外，在对职工债权进行公示时，将涉及职工的社保费用的欠缴情况一并进行公示，但是不需要公示具体的数额，只公示欠缴项目及周期，具体的最终缴付债权额需要到补缴时才能准确锁定。

二、对职工债权异议的处理

职工债权清单公示后，所有相关的利害关系人均可提出异议，该利害关系人包括但不限于职工本人、其他职工、债权人、债务人。对于职工而言，既可以针对自己的债权如漏计、少计的情况提出异议，也可以针对其他职工的债权如企业管理层虚报、多计等记载不实情况提出异议。破产法第四十八条规定"职工对清单记载有异议的，可以要求管理人更正；管理人不予更正的，职工可以向人民法院提起诉讼"。对于管理人来讲，在收到职工的异议后，应当认真听取异议人的意见，并进行必要的调查。管理人认为异议成立的，应当予以更正并公示。管理人认为异议不成立的，应当向异议人进行解释和说明。异议人仍不服的，可以根据破产法规定，向人民法院提起职工债权确认之诉。

（一）职工在职工债权公示前提起诉讼的问题处理

债务人企业由于陷入经营困境，经营混乱、人事档案缺失等情况司空见惯，这将导致管理人对于职工债权的调查进展缓慢而无法及时公示职工债权。在未公示前，一些职工为尽快确认自己的债权而选择向人民法院或者仲裁机构提起诉讼或仲裁。对此，目前司法实践中已经形成统一的处理模式，法院或仲裁机关将不予处理，而告知职工向管理人申报债权或者反映诉求，有管理人进行其债权的审查和确认工作。因此，向管理人提出异议称为职工债权确认之诉的前置程序。《最高人民法院关于〈中华人民共和国企业破产法〉施行时尚未审结的企业破产案件适用法律若干问题的规定》（法释〔2007〕10号）第十条规定："债务人的职工就清单记载有异议，向受理破产申请的人民法院提起诉讼的，人民法院应当依据企业破产法第二十一条和第四十八条的规定予以受理。但人民法院对异议债权已经作出裁决的除外。"据此规定，只有职工对管理人公示清单所记载债权有异议后，职工才可以向法院提起职工债权的确认之诉。

（二）职工债权确认之诉提起的期限

当前，关于职工债权的公示效力，管理人为尽快锁定债权数额，往往在公示公告上表述一定的异议期，一般为15天的居多。有学者认为，职工债权不受异议期限制。但是笔者持相反观点，在人民法院的裁判中，职工债权异议与其他债权的确认纠纷都属于债权确认纠纷。《最高人民法院关于适用〈中华人民共和国企业破产法〉若干问题的规定（三）》（法释〔2020〕18号）第八条规定："债务人、债权人对债权表记载的债权有异议的，应当说明理由和法律依据。经管理人解释或调整后，异议人仍然不服的，或者管理人不予解释或调整的，异议人应当在债权人会议核查结束后十五日内向人民法院提起债权确认的诉讼。当事人之间在破产申请受理前订立有仲裁条款或仲裁协议的,应当向选定的仲裁机构申请确认债权债务关系。"因此,在考虑兼顾公平与效率的情况下,笔者认为,职工债权确认之诉的提起期限可以参照该条规定确定一个异议期限。但是由于职工债权无须债权人会议核查,因此管理人可以在公示公告上确定一个合理的异议期,同时涉及职工的异议,管理人在异议回复书中告知职工救济途径,并明确职工破产债权确认之诉的提起期限,这样将有助于提高破产案件的效率,加速全体债权人合法权益尽快实现。

(三)职工破产债权确认之诉的被告确定

《最高人民法院关于〈中华人民共和国企业破产法〉施行时尚未审结的企业破产案件适用法律若干问题的规定》(法释〔2007〕10号)第九条第二款规定:"债权人就争议债权起诉债务人,要求其承担偿还责任的,人民法院应当告知该债权人变更其诉讼请求为确认债权。"职工债权异议也是处理职工与用人单位之间的问题,因此职工提起债权确认之诉时,应当以债务人企业为被告,而在具体诉讼中,管理人作为债务人的诉讼代理人参与案件。最高人民法院(2016)最高法民申135号张淑君与国营乐山造纸厂破产清算组职工破产债权确认纠纷申请再审民事裁定书中对此问题的处理予以了明确阐释,"破产债权确认纠纷应当以债务人即被申请破产的企业为被告"。在最高人民法院制作的《人民法院破产程序法律文书样式(试行)》关于破产债权确认诉讼一审用的民事判决书(文书样式97)中,所列被告亦为债务人,企业管理人系诉讼代表人。该文书样式说明第四条规定:"本样式同样适用于职工权益清单更正纠纷。"据此,职工破产债权确认纠纷的被告也应为被申请破产的企业,本案的适格被告应为国营乐山造纸厂。根据《中华人民共和国企业破产法》第二十五条第(七)项关于"管理人履行下列职责:(七)代表债务人参加诉讼、仲裁或者其他法律程序"的规定,除法律有特殊规定外,企业管理人不以自己的名义参加诉讼。故张淑君关于本案系职工破产债权确认纠纷,破产清算组是适格被告的理由不能成立。

第九节 破产程序中妥善处理职工债权的建议

破产法的实施推进是必然,职工问题的解决也是现实要解决的问题,而制度的完善和落实需要时间,因而还需要考虑在当前的制度体系下如何解决职工债权问题。企业进入破产程序指定管理人后，管理人就需要立马着手对职工情况进行摸底、梳理，结合企业的性质及自身财产状况制定职工债权处理方案。在制定处理方案的过程中除了遵循以上三个原则外，还需要做好以下工作：一是给职工做法律、法规、政策等依据的宣传与解释工作；二是做好与政府的沟通协调工作，寻求政府的支持与协助。

一、完善立法，实现职工债权处理的法治化

法制的不健全是当前破产程序中职工债权处理不顺畅的一个重要原因。职工债权处理要依法进行，但当前的法律规定无法解决实践中存在的问题，致使处理结果不一，这不仅影响安置效果，也损害了司法权威。因而，从长远看，要推进破产立法完善工作，将职工债权处理的范围、方式、程序、途径、资金来源等进行明确统一的规定，为职工提供预期，增加法律的可操作性，彰显法律权威，真正做到安置有法可依、依法处置。

二、实现职工债权处理的规范化、市场化

长期以来的计划经济体制的残留，部分职工"等、靠、要"思想及"会哭的孩子有糖吃"等社会不良现象的影响，出于稳定大局的考虑，往往会满足职工的一些无理请求，突破法律规定，这是非正常的现象。从短期看，解决了社会稳定、职工安置等问题，但从长远看将不利于破产法的实施及职工工作的规范运行。

根据我国破产法的立法进程，应当看到职工问题已经从核心到边缘的转变，因而让其走正常的依法处理渠道，彻底地实现规范化、市场化安置，形成良性循环。同时职工处理资金也完全由债务人财产进行支付，既体现了对职工债权的保护，也维护了其他债权人的利益。

三、建立破产职工协同安置机制

职工问题的解决不仅是破产程序解决的问题，同时也需要其他相关单位协同处理。比如职工劳动关系的认定、社保问题的解决等需要人力资源与劳动保障部门的协助，职工安置资金的不足可建立相应的保障基金进行补贴等等。总之，鉴于职工问题的特殊性，单靠管理人、法院、债务人企业是无法解决的，因而要各部门协调处理，但是需要明确的是协助的权责要明确，分工要合理，参与要适当。

第六章 债务人财产的盘核

企业进入破产程序后，债务人对其债权人承担债务的责任财产即债务人财产在破产程序中备受关注，破产程序中清产核资工作也是管理人的重要工作内容之一。但是债务人财产的类型多样、权利状态多样，不仅仅涉及债务人现有的，还包括需要取回、收回、追回的，处理非常复杂。债务人财产的接管、清理、核实、掌握和有效追收，不仅仅直接决定着破产程序能否顺利进行，而且直接决定债权人的最终清偿利益。我国1986年的破产法使用"破产财产"的概念表述，这主要是由于我国旧破产法以清算为目的，而新破产法的程序设计向拯救转变，因此在债务人企业还有重生希望时不宜用"破产财产"来界定，而是采用了"债务人财产"概念表述。一旦债务人企业被裁定破产宣告，则其表述就发生了转变，由"债务人财产"变为"破产财产"。两个概念从财产意义角度看并无本质区别，区别在于其表明债务人企业即财产主体在破产程序中所处的不同阶段，其财产存续目的的不同，一旦为"破产财产"，就意味着该财产需要被清算、变价、分配。

第一节 债务人财产范围

一、债务人财产范围规定的立法例

世界各国在债务人财产的构成范围上有"固定主义"与"膨胀主义"两种立法模式。在固定主义模式下，给债务人财产的范围确定划定了一个节点，有的国家为破产受理，有的国家为破产宣告，在此节点之前的为债务人财产，之后的不再纳入，根据不同的规定进行处理。该模式对于拯救性程序有意义，可以给债务人保有一些重生的财产基础。但是在清算程序中就会导致之后的财产属于无主状态，这对债权人来讲也不公平。

在膨胀主义模式下，债务人财产不仅仅包括破产受理或破产宣告之前的财产，还包括之后一直到破产程序终结前债务人所取得的财产。之所以表述为"膨胀主义",是因其较之于"固定主义"财产范围节点有所扩大。我国新破产法在债务人财产范围上就是采用膨胀主义的立法模式,破产程序终结前的所有属于债务人企业的财产都属于债务人财产的范围。

二、我国破产法债务人财产范围的立法分析

我国企业破产法第三十条[①]利用概括主义的方式对债务人财产进行了规定,在我国人民法院受理债务人企业破产申请后,债务人财产包括:

(1) 破产受理前的债务人企业享有权益的财产;

(2) 破产受理到破产程序终结期间债务人企业取得的财产;

(3) 破产程序终结后发现的在破产程序终结前出现的可撤销,破产无效行为等应该纳入债务人财产范围的财产。

该类财产除债务人所有的货币、实物外,债务人依法享有的可以用货币估价并可以依法转让的债权、股权、知识产权、用益物权等财产和财产权益,人民法院均应认定为债务人财产,也即所有债务人享有权益的财产都是债务人财产范围之内的。

债务人财产是破产法的"核心"关注热点和难点问题,而破产法关于债务人财产的立法构建是以围绕债务人财产的保值增值,保障债权人利益最大化为指导思想的。

不过需要注意的是,如果企业进入的是破产重整程序和破产和解程序,那么重整计划草案和和解协议草案的清偿安排的资产基数应当以重整计划草案或和解协议草案提交表决时为基准日。实践中一般都是以破产受理日为基准日,这是不符合法律规定的,将影响债权人的权益,同时清偿比例的计算也会受到影响,导致最后的清偿比例不精确。

三、特殊财产

(一)担保财产

(1) 破产宣告前的"债务人财产"包括特定财产和担保财产。依据破产法的规定,管理人在接管债务人财产时是对是否有担保不予区分的接管,接管后的管理也是一并进行管理。如果将担保财产排除在债务人财产之外,一是不利于管理人对是否属于担保财产进行判断确认,二是不利于担保债权人的权益保障,有

[①]《中华人民共和国企业破产法》第三十条采用法条的方式对破产财产进行了立法解释,债务人财产不仅仅包括破产申请受理时属于债务人的全部财产,破产申请受理后至破产程序终结前债务人取得的财产也纳入其中。

可能因无人管理而造成毁损灭失。而且从立法本意上，担保权人行使别除权是向管理人主张，因此该项财产必然是属于债务人财产，在管理人的管理之下。《最高人民法院关于适用〈中华人民共和国企业破产法〉若干问题的规定（二）》第三条明确了"债务人已依法设定担保物权的特定财产，人民法院应当认定为债务人财产"。

（2）破产宣告后处于管理、变价的"破产财产"包括特定财产和担保财产。在企业破产宣告后，债务人财产从术语表述上成为"破产财产"，而破产财产的目的在于分配，虽然设定特别担保负担的财产相应的权利人可以行使别除权，但是由于担保财产的变价也是属于管理人负责的，因此该阶段的破产财产应当包含"担保财产"，破产法中担保权人对财产的管理方案和变价方案表决的权利，这也是默认了此阶段的"破产财产"是包括担保财产的。另，担保权人行使别除权的基础上担保财产的价值，未获清偿部分转入普通债权，担保财产超出部分纳入分配财产范围。因此，担保财产管理的妥善与否、变价的价值高低，不仅仅影响担保债权人的清偿利益，也直接事关无担保债权人的债权清偿比例。因而，在破产宣告后处于管理、变价的"破产财产"包括特定财产和担保财产也是保护债权人权益的应有之义。

（3）破产宣告后处于分配的"破产财产"不包括特定财产和担保财产。我国破产法的破产分配是采用狭义的立法态度，仅指对职工债权、社保债权、税款债权、普通债权的清偿。而对这些债权人的清偿财产是现行支付了破产费用和共益债务，以及有特定担保债权之外的财产。换个角度讲，破产分配的财产是剔除特定财产和担保财产之后的"净分配财产"。且依据法律规定，因分配方案不涉及对担保权人的分配，分配的财产也不涉及担保财产，担保债权人对破产分配方案是无表决权的。

（二）对外投资

企业因经营需要而对外投资。按照投资的参与情形分为以下几种。

（1）分支机构和没有法人资格的全资机构。该情形下的分支机构的财产，不具有独立性，属于债务人企业的当然组成部分，应当收回，一并纳入破产程序债务人财产范围。

（2）独资公司以及其他投资股权。该情形下的投资主体是具有独立的法人地位的，因此不能一概地收回，需要将债务人对外投资形成的股权及其收益予以追收，将该股权出售或者转让所得列入债务人财产范围即可。实践中常见该情形下的投资主体认定为关联企业而合并破产的,此时财产需要归一处理。

（3）合伙投资。该情形下,按照合伙协议退伙的相关规则处理,退伙的合伙财产的相应份额纳入债务人财产范围。最高人民法院《关于审理企业破产案件若干问题的规定》第七十七条第二款"全资企业资不抵债的,清算组停止追收"。第七十八条第二款"股权价值为负值的,清算组停止追收"。该项规定笔者认为不甚合理,"负值"并不意味着"无价值",如果不予追收,且不说企业财产的流失,该部分投资股权的主体如何认定也是个问题。建议即使是负值,也同样要采取措施予以追收处理。

（三）职工住房

我国企业尤其是国有企业存在一种房屋分配方式——"福利房"[①]。一旦该企业进入破产程序,该福利房如何处理,也是极易引发不稳定的因素。依据最高人民法院《关于审理企业破产案件若干问题的规定》法释〔2002〕23号第八十一条规定:"破产企业的职工住房,已经签订合同、交付房款,进行房改给个人的,不属于破产财产。未进行房改的,可由清算组向有关部门申请办理房改事项,向职工出售。按照国家规定不具备房改条件,或者职工在房改中不购买住房的,由清算组根据实际情况处理。"据此,如果存在企业职工福利性质的职工住房,尤其是国有企业的破产案件中,主要是看目前的产权状态和是否符合房改政策,如果产权登记在职工名下或者已经完成房改的则不应纳入债务人财产。还没有进行房改的,符合房改政策的,管理人可向有关部门申请办理房改事项,向职工出售,相应出售款项纳入债务人财产范围。未进行房改的,不具备房改条件的,或者符合房改政策但是职工不购买住房的,由管理人根据实际情况处理。

（四）幼儿园、学校、医院等公益福利性设施

很多企业因经营效益较好,或者出于解决职工问题等原因考虑,出资开办有幼儿园、学校、医院等设施。一旦进入破产程序,则需要根据性质进行界定。最高人民法院《关于审理企业破产案件若干问题的规定》第八十二条虽然明确"债务人的幼儿园、学校、医院等公益福利性设施,按国家有关规定处理,不作为破产财产分配",但是该条主要是针对非营利性质的处理方式,如果是营利性质的应当作为投资予以收回。总之,对于该类财产是否收回需要核实其性质,如果是

[①] 福利房是职工单位将公房以工资性货币分配方式出售给职工,职工以标准价或成本价购买,从而对购买的房屋享有部分产权或全部产权的住房。一般情况下都是有单位补贴的,而且产权上会有相应的限制。

公益性质的不能予以收回，需要和当地教育部门进行协调接收，而对于企业法人性质的要将投资权利予以转让收回。不过需要注意的是，由于幼儿园、学校、医院等设施较为特殊，在追收处理上要考虑周全，不能因追收而对就读、就医者产生不良影响。

（五）国有划拨土地使用权

土地使用权属于企业的重要资产，进入破产程序的企业，土地使用权在其资产中占有较大比重，对于该项权利是否纳入债务人财产范围，需要根据债务人企业取得土地使用权的方式而定。土地使用权的取得方式有出让和划拨两种方式，出让方式取得一般都是债务人企业通过招拍挂等方式支付相应对价的情况下取得的，允许其在取得后进行流转，因此在该债务人企业进入破产程序后，该项土地使用权是应当纳入债务人财产范围的。划拨方式取得是没有支付相应对价的方式，如纳入债务人财产进行处理，很显然是不合理且损害国家利益的。《最高人民法院关于破产企业国有划拨土地使用权应否列入破产财产等问题的批复》于2021年1月1日开始施行，其中明确"破产企业以划拨方式取得的国有土地使用权不属于破产财产，在企业破产时，有关人民政府可以予以收回，并依法处置。纳入国家兼并破产计划的国有企业，其依法取得的国有土地使用权，应依据国务院有关文件规定办理"。"企业对其以划拨方式取得的国有土地使用权无处分权，以该土地使用权设定抵押，未经有审批权限的人民政府或土地行政管理部门批准的，不影响抵押合同效力；履行了法定的审批手续，并依法办理抵押登记的，抵押权自登记时设立。根据《中华人民共和国城市房地产管理法》第五十一条的规定，抵押权人只有在以抵押标的物折价或拍卖、变卖所得价款缴纳相当于土地使用权出让金的款项后，对剩余部分方可享有优先受偿权。但纳入国家兼并破产计划的国有企业，其用以划拨方式取得的国有土地使用权设定抵押的，应依据国务院有关文件规定办理。"该条款明确指出划拨土地不应纳入破产财产，如果因抵押等方式需要处置的，抵押有效的，在补缴出让金后可以纳入债务人财产。

四、不应认定为债务人财产的财产

根据《最高人民法院关于适用〈中华人民共和国企业破产法〉若干问题的规定（二）》第二条的规定，对一些不属于债务人财产的情形进行了列举规定。主要是债务人基于仓储、保管、承揽、代销、借用、寄存、租赁等合同或者其他法律关系占有、使用的他人财产等占有的属于他人的财产，以及债务人在所有权保留买卖中尚未取得所有权的财产，财产的权利人是享有取回权的。另外所有权专属于国家且不得转让的财产，依照法律、行政法规不属于债务人的财产等因为不能用于清偿，因此也不应认定为债务人财产。管理人在进行资产盘核时应将其进行剔除。但是需要指出的是，该部分财产在权利人未取回前或者未移交给国家前，管理人依然要做好财产的管理工作。

第二节 债务人财产盘核工作的基本方法

按照破产法规定，管理人在接受法院指定后，对债务人财产要进行及时、有效的调查、接管和盘核。该项工作的实施并没有固有模板，管理人依据有利于查清债务人财产的真实状态的原则进行灵活适用。对于破产受理前的债务人财产的情况，是破产程序未启动之前的财产，管理人需要进行调查、核实，一般是在债务人企业提交的相关资产、负债等材料的基础上进行调查，同时可以聘请专业的审计和评估机构进行审计和评估，以其出具的审计报告和评估报告作为主要参考。由于此时评估和审计的是管理人没有主动权的财产，因此在破产程序中一般是以"破产申请受理日"为债务人财产破产审计和财产评估的基准日。破产受理后到破产终结前阶段取得的财产是在管理人的接管之下取得的，管理人对财产状况比较了解，而且很多的财产相关行为的决定是管理人的主动行为，因此对于管理人来讲，需要从有利于债务人财产的增值保值来作出决定。而且一定要注意涉及重大财产行为，应当按程序依法及时向法院或者债权人会议或者债权人委员会进行报告。另外需要指出的是，在重整程序中经过债务人企业申请，人民法院是可以批准债务人企业自行管理财产和营业事务的，在此期间债务人对企业财产的相关行为，管理人应当严加监控。具体来讲，对于债务人财产的盘核工作在实践中采用的基本方式方法主要有以下几种。

一、对债务人相关人员的询问

债务人企业一旦进入破产程序后，法定相关人员（法定代表人）和人民法院决定范围内人员（一般是财务管理人员和其他高级管理人员）要承担一些配合调查义务。管理人可以对法定代表人、实际控制人、股东、高级管理人员等（不限于以上主体）发询问函或者访谈来了解债务人企业的财产情况，这些人员对于企业的资产情况掌握得比较清楚，通过询问能够对债务人的财产情况进行初步了解或者获取财产线索。注意在调查前一定要先对这些主体警示不如实提供情况的法律后果，做好询问笔录。在调查中，调查重点应当包括但不限于：固定资产的基本情况（提供权利凭证）、在建工程的基本情况（在建合同）、债务人的库存现金数量和保管人、银行账户的开户情况和余额（提供银行卡及存折等、网上银行密码）、应收款项的基本情况（债权清册）、存货的基本情况（库存单）、对外投资的基本情况（相关凭证），以及知识产权等无形资产的基本情况、债务人股东的出资实缴情况等等。

二、积极开展法律尽职调查

法律尽职调查属于清产核资工作的常规基本手段。管理人在接到指定后，可以根据需要持相关手续到市场监督管理部门、银行、不动产交易部门、车辆管理部门等第三方相关部门调取与债务人企业有关的各项内档资料。需要注意的是，不同的管理部门需要的手续材料不一样，因此需要提前沟通做好准备，列出调档清单。管理人也可以向破产受理人民法院申请调查令，这样效率会更高，也能够增加被调查机构的配合度。

三、强化与债权人的沟通

人民法院裁定破产申请受理后，债权人依法申报债权并提交相关材料。管理人在接收的债权申报材料的审核中，比如合同等证据中很可能获取债务人的财产线索，如债务人企业的银行账户、未收回的债权、不动产基本情况等。而且债权人出于对自己债权的维护，对债务人财产的关注度也高，管理人通过与债权人持续不断地沟通，债权人也会主动积极地为管理人提供债务人企业的相关财产线索。管理人一旦获取财产线索，就可以据此对债务人财产进行深入的调查。尤其是债务人企业无财产，以及债务人企业不配合的情况下，该方式还是能取得不错的效果。

四、充分利用网络平台查找财产线索

随着科技的迅猛发展，网络检索可以获得很多的有利信息。管理人在对债务人企业财产进行调查时，应当充分地利用网络平台进行检索。实践中，常用的检索平台如裁判文书网、执行信息查询网、企业信息公示系统、天眼查、企查查、知识产权检索等，可以对涉及债务人企业的诉讼情况、应收账款质押、涉诉债权情况、知识产权情况等通过检索发现相关线索。

五、聘用专业机构审计调查

财务问题属于非常专业的事项,作为管理人来讲,受到专业限制有可能无法发现其中的问题。管理人可以聘请专业的审计机构对债务人的财产情况及资产情况进行审计,一些重点事项甚至可以进行专项审计。利用专业审计清查,能够获取债务人较之其自行提供的,更为真实的财务报表。以此为基础,管理人再通过对需要查明的情况进行进一步调查、询问、搜集资料等方式,切实将对债务人财产的调查工作落到实处。破产程序中对债务人的财务进行审计,还可以更清晰地为管理人行使撤销权、确认相关行为无效等行为提供决定证据,一旦财产追回,这是对债权人的利益有利的。

第三节 债务人财产的追回

管理人除对债务人现有财产的盘核之外,还需要重点关注的是本应属于债务人财产范围的财产的追回。目前根据破产法的规定,主要有以下几种情况下的财产追回。

一、可撤销行为的财产追回

破产法第三十一条和第三十二条规定了在破产受理前的债务人企业的偏颇行为和个别清偿行为的财产追回情形。债务人企业进入破产程序后,管理人需要对债务人企业在临近破产程序开始的法定期间内实施的,个别清偿、不合理价格交易等对债权人利益有害的行为予以撤销,并将返还的财产纳入债务人财产范围。该项规定对于行为的相对人来讲是管理人的权利,而对于债权人来讲是属于管理人的职责所在。

(一)可撤销行为的类型

《民法典》第五百三十八条赋予债权人在债务人实施放弃其债权、放弃债权担保、无偿转让财产等方式无偿处分财产权益,或者恶意延长其到期债权的履行期限,影响债权人的债权实现的情形下的无条件撤销权。同时《民法典》第五百三十九条对于债权人以明显不合理的低价转让财产、以明显不合理的高价受让他人财产或者为他人的债务提供担保,影响债权人的债权实现情形下,债权人也享有对该行为的撤销权,但是如果债务人的相对人善意的除外。

债务人企业正常经营的情况下,对于财产的处分行为属于其权利行使,他人是无权干预的。企业进入破产程序的核心原因就是清偿能力不足，在其自身清偿能力出现问题的前提下，无偿转让财产等行为是直接使得债务人财产减损的行为，导致债权人的清偿率降低，损害债权人的权利。因此，在破产法中也对此类有损债权人权益的行为明确规定可以撤销。

（1）债务人企业无偿转让财产行为。该类财产的转让相对人没有支付相应对价，纯粹的导致债务人财产的减值。该行为不仅仅包括积极的无对价的转让财产，还包括赠予财产、免除债务、承认已过诉讼时效的债权等。

（2）债务人企业放弃债权的行为。正常下债务人放弃利益是其权利行使内容，但是由于破产中债务人财产涉及全体债权人清偿利益的责任财产，因此不得自由处分。企业的破产非旦夕之间，往往在一年前都会出现端倪，因此在破产申请受理前一年内，债务人企业放弃自己债权的行为，实质上放弃的是债权人的受清偿利益，损害的是债权人利益，破产法明确表述应当认定为可撤销行为。

（3）债务人企业以明显不合理价格进行交易的行为。明显不合理价格也属于不当财产减少行为，主要是该要的不要，即"没有正当理由而以明显低于市场的价格向对方当事人卖出产品或者提供服务"。或者是不该给的给，指的是"以没有正当理由而以明显高于市场的价格向对方当事人购进产品或者服务"。关于交易对价的明显不合理性标准，应当综合考虑交易时的市场行情综合判断。

（4）债务人企业对未到期的债权提前清偿的行为。提前清偿行为在正常情况下是允许的，但是在企业出现清偿能力问题时的提前清偿却是非正常的。债务人企业实施的提前清偿行为让获得该清偿的债权人取得高于其他债权人清偿利益的地位，是对其他债权人的合法权益的不公平。但是需要注意的是如果已到期债务的清偿，在破产申请受理前已经到期的，除非是出现破产法第三十二条的情形，否定是不能撤销的。

（5）债务人企业对没有财产担保的债务提供财产担保的行为。在破产程序中，有财产担保的债权能够行使别除权，较之普通债权优先受偿。本无担保属于普通债权，一旦追加提供财产担保，直接导致的效果是，让本是属于债务人财产大池子的财产转变为别除权的优先受偿客体，直接划走了普通债权人的蛋糕，使其清偿数额减少，这显然是一种恶意，是严重违反破产程序实现公平清偿的目标的行为。

（6）债务人企业破产受理前六个月内的个别清偿行为。该行为的适用是破产受理前六个月，但是有个前提条件，需要企业具备破产原因，清偿能力的缺乏成为事实，在此情形下，不论债务人企业、交易相对人、转让人在行为时主观上是否善意，个别清偿行为均可予以撤销。但是若是有担保财产的个别清偿也是不能随意撤销的。因为有财产担保的债权其对担保物享有别除权，即使进入破产程序其也可就担保物优先受偿，其提前清偿并未损害其他债权人的利益。但是需要注意的是，如果债务清偿时担保财产的价值低于债权额的除外。另外，如果经过公力救济的方式的清偿，如债务人经诉讼、仲裁、执行程序对债权人进行的个别清偿、企业正常运营的清偿包括为维系基本生产需要而支付水费、电费等的，支付劳动报酬、人身损害赔偿金的、个别清偿使得债务人财产受益的是不能撤销的。可撤销的行为属于偏颇性行为，即非正常的造成债务人财产减少的行为。如果该行为并非造成债务人财产减少，也未损害其他债权人的利益反而是使得债务人财产增值的，则也不符合撤销的前提。因为这种情况是对债权人有利的。

（二）可撤销行为的追溯期间

无限期的追溯，也会影响企业的正常经营和处分。因此，破产法第三十一条和第三十二条针对不同的情形设计了可撤销行为的行为实施追溯期间，偏颇行为为破产受理前一年，陷入困境下的个别清偿为六个月。一般的起算点是破产受理日。《最高人民法院关于适用〈中华人民共和国企业破产法〉若干问题的规定（二）》第十条规定了两种特殊的撤销权的行使起算点：一是如果"债务人是经过行政清理程序而转入破产程序的，可撤销行为的起算点，为行政监管机构作出撤销决定之日"；二是"债务人经过强制清算程序转入破产程序的，可撤销行为的起算点，为人民法院裁定受理强制清算申请之日"。

（三）撤销权的行使主体

《民法典》规定的撤销权的主体是债权人，而企业进入破产程序后，撤销权的行使主体为管理人。由于撤销权的行使直接影响债务人财产的增值，因此《最高人民法院关于适用〈中华人民共和国企业破产法〉若干问题的规定（二）》第九条进一步明确"如果管理人怠于行使撤销权，因过错未依法行使撤销权导致债务人财产不当减损的，债权人可提起诉讼主张管理人对其损失承担相应赔偿责任"。因此，对于管理人来讲，撤销情形的调查和撤销权的行使是其应当履行的职责内容。

撤销权的行使与债权人利益息息相关，除管理人应当履行该项职责外，对于债权人来讲，在破产程序终结后或者管理人怠于行使撤销权时，债权人可代为提起撤销权之诉。且与《民法典》规定的撤销权的范围和后果有所区别,基于破产程序的撤销权涉及的债权额不限于债权人自身的债权额,且行为撤销后追回的财产非用于该债权人的针对清偿,而是归于债务人财产,用于清偿所有债务人,是属于全体债权人的利益。

二、破产无效行为的财产追回

债务人企业在运营中会涉及有些行为效力为无效行为,对此涉及的财产管理人也应当予以追回。在破产程序中的无效行为有两种情况:第一种情况是债务人企业的交易行为中存在违法、恶意串通、无民事行为能力等当然无效;第二种情况是破产法第三十三条规定的为逃避债务而隐匿、转移财产、虚构债务或者承认不真实的债务等涉及的行为无效。对于第一种情况属于《民法典》规定的法定无效情况,判断标准较为明朗。实践中,主要是破产法规定的破产无效行为的认定较为隐蔽,管理人需要进行谨慎调查和认定。

(一)债务人企业为逃避债务而隐匿、转移财产的行为

隐匿[①]、转移财产[②]很显然属于非正常行为,在企业常态运营下都是属于违法违规行为,更不用说企业缺乏清偿能力的状态下。破产法律保护的是诚信的债务人,是在债务人真实的财产状态下的债务处理,因此如果出现债务人未将企业财产列入财产清单的、在资产表上作不真实记载的、财产去向隐瞒不报的、不如实陈述财产去向的等导致该列入财产范围的财产未列入,则都可以认定为隐匿财产的行为。总之,只要是债务人企业故意不让管理人知晓的财产,不管是哪种方式,都属于隐匿(隐瞒)行为。而转移财产更多是对动产的转移,债务人财产被通过非法方式据他人占有。需要注意的是,这两种行为的动机都是"为逃避债务"而行为之,但是实践中,无论动机是否逃避债务,只要方式违法违规,均属于无效行为。

(二)债务人企业虚构债务或者承认不真实的债务的行为

债务人通过"虚构债务或者承认不真实的债务",导致企业债务负担加重,这是明显的恶意串通行为,该方式是向其他人转移利益,变相的抽逃财产,属于严重的恶意串通欺诈行为。与可撤销行为相比其主观恶意更大,对债权人权益的

[①] 隐匿是指将财产秘密隐藏或转移至他人无法找到或自认为他人无法找到的处所,或者隐瞒不报债务人财产,使之不能依破产程序被管理人接管和处分。
[②] 转移财产是指将债务人企业的财产转移至原所在地之外或者债务人企业控制之外,使管理人无法接管和处分。

损害也更大。而且需要注意的是，破产无效行为财产的追回是没有期限限制的，无论是什么时候发现，什么时间实施的，都可以追回。与此同时，破产无效行为的发生不要求债务人是否出现破产原因，即使发生是在债务人经营状况良好的情况下，债务人企业恶意"虚构债务或者承认不真实的债务"损害债权人利益的行为都属于无效行为。其效力是自始、确定、当然、绝对的无效。

三、股东未缴出资的追回

按期足额出资是出资人的义务，债务人的出资人尚未完全履行出资义务的，企业进入破产程序后其出资义务并不会被免除。不管是实缴还是认缴，如果出资人未缴或未缴足的，在债务人企业进入破产程序后，管理人应当予以追回。而且适用加速到期规定，不受出资期限的限制。《最高人民法院关于适用〈中华人民共和国企业破产法〉若干问题的规定（二）》第二十条"管理人代表债务人提起诉讼，主张出资人向债务人依法缴付未履行的出资或者返还抽逃的出资本息，出资人以认缴出资尚未届至公司章程规定的缴纳期限或者违反出资义务已经超过诉讼时效为由抗辩的，人民法院不予支持"。管理人在调查核实相关材料情况后，若认为出资人存在有认缴未缴或抽逃出资的事实，应及时进行调查取证，及时进行追缴。如果涉及"公司的发起人和负有监督股东履行出资义务的董事、高级管理人员，或者协助抽逃出资的其他股东、董事、高级管理人员、实际控制人等，对股东违反出资义务或者抽逃出资承担相应责任"的情形，管理人应当依据公司法的相关规定代表债务人提起诉讼，并将相应财产归入债务人财产范围。

四、非正常收入及不当侵占财产的追回

在企业运营过程中，债务人的董事、监事或者高级管理人员会存在利用职权，运用工作便利中饱私囊，从债务人企业获取非正常收入或者直接侵占企业财产行为，该行为如构成犯罪需要除追究刑事责任外，对此涉及的财产管理人也应当追回。破产法第三十六条明文规定"债务人的董事、监事和高级管理人员利用职权从企业获取的非正常收入和侵占的企业财产，管理人应当追回"。

（一）适用主体

破产法第三十六条的规定是对适用主体有一定的限制的，涉及的是债务人企业的董事、监事和高级管理人员群体。管理人在接管企业后就应当对债务人企业的董监高人员进行准确锁定。前文已对该类人员的认定规则进行了阐述，在此就不做赘述。

(二)追回财产的范围

1. 非正常收入

对于债务人的董事、监事和高级管理人员利用职权从企业获取的非正常收入的范围如何认定？这是管理人在实施该追回行为时的关键环节。"非正常收入"按照文义解释是指不合法、不合程序、不合理的收入，换个角度讲，该收入是基于工作而取得的收入，但是其实质是董事、监事或者其他高级管理人员利用了职权便利而取得的超过正常标准的收入。《最高人民法院关于适用〈中华人民共和国企业破产法〉若干问题的规定（二）》第二十四条对"非正常收入"的认定进行了指导性规定：首先，该项收入的取得阶段为"债务人有企业破产法第二条第一款规定的情形时"，即企业具备破产原因。换个角度理解，如果企业处于正常经营状态，没有支付不能情形的不能适用该条款。至于破产原因发生的时间段并没有限定。理论上，只要有证据证明该项非正常收入产生时企业具备破产原因事实就符合认定前提，不论是在破产受理前多少年。其次，该收入的具体项目为绩效奖金、普遍拖欠职工工资情况下获取的工资性收入，同时以其他非正常收入为兜底。破产法司法解释的指向很明确，企业具备破产原因时本身责任财产就不足以支付债权人的债权，且企业经营出现问题，董监高人员何谈绩效奖金。同时，普遍拖欠职工工资情况下，如果董监高人员还能够正常获取工资，则是对其他职工的不公平，因此该两项收入被视为非正常收入需要予以追回。当然也应该看到，债务人的董事、监事和高级管理人员的工作岗位决定了其工资水平会高于其他一般的职工，因此也需要考虑实际的收入标准进行认定。如果是绩效工资则不能一概追回，落脚点应当是"奖金"的性质认定。同时，基于对董监高人员的利益衡平，追回后对于该项超过正常标准的部分作为普通债权予以清偿。

2. 侵占的企业财产

"侵占企业财产"行为属于典型的恶意行为，债务人企业的董监高人员基于身份的特殊性，对于该类行为如果侵占数额较大的可能构成职务侵占罪。在破产程序中管理人在对债务人财产盘核过程中，如果发现此类行为的线索，应当进一步调查和核实。对该类行为的认定只要关注两个要点：一是客体为债务人财产，管理人应当对涉及的财产权利人进行调查，确认该项财产属于债务人财产；二是相关主体有侵占行为，属于恶意地利用职务之便将债务人企业的财产据为己有。当然，即使侵占主体不属于董监高人员，如果存在侵占事实，管理人也须积极予以追回。

五、质物、留置物的取回

债务人企业基于经营的需要，会在一些资产上设定质押，或者因某些原因债务人的资产被留置的，依据质权、留置权的效力，此时债务人财产作为质物或者留置物是由质权人或者留置权人合法占有的，此状态下的质物、留置物在破产法语境下被称为特定财产，其财产权利人仍属债务人。在进入破产程序后，如若管理人作出判断，可以作出取回该项财产的决定。但是基于对质权人或留置权人的权益保护，质权人或留置权人可以要求管理人提前清偿债务或者提供担保，否则可予以抗辩。同时，基于当前债务人企业处于破产程序中，需要考虑全体债务人的公平清偿利益，因此该项提前清偿或者提供担保只能以该质物或者留置物当时的市场价值为限。另外，清偿债务或者提供担保都属于提前清偿行为，属于对债权人利益有重大影响的财产处分行为的，管理人应当及时报告债权人委员会或者人民法院，须说明取回理由。

第四节 知识产权特殊财产的调查与处理

知识产权是指民事主体基于其智力成果、工商业标记、信誉及其他无体财产而依法享有的支配性无体财产权。知识产权蕴含着巨大的商业价值，理所应当是企业的一种重要的无形资产。在现代企业中，知识产权资产所占比重也越来越高。《最高人民法院关于适用〈中华人民共和国企业破产法〉若干问题的规定（二）》第一条明确指出知识产权属于债务人财产范围，但是在破产实践中，知识产权往往被忽略。债务人企业进入破产程序后，虽然知识产权的价值会受到一定程度的影响，但是其价值是不容忽视的。知识产权本身属于智力成果，属于创新和技术，在债务人企业进入破产程序中，除因专利技术的落后、企业诚信缺失影响其品牌价值外，知识产权的实际价值不应该因进入破产程序而有所贬值。管理人应当提升对债务人企业的知识产权资产的重视度。

一、债务人企业知识产权的范围确定

知识产权是一种无形财产权，是一种特殊的民事权利，和有形财产不同的是其具有法律确认性、专有性、地域性、时间性等特征，因此企业法人在进入破产程序被宣告破产后，对于某项知识产权是否纳入破产财产范围、评估及变价或未变价后的权利让与等都应该考虑知识产权的特殊性，按知识产权的不同类型分别处理。

我国知识产权的类型包括著作权、商标权、专利权、发明权和发现权。1967年发布的《建立世界知识产权组织公约》指出，知识产权应包括下列权利：关于文学、艺术和科学作品的权利；关于表演艺术家的演出、录音和广播的权利；关于人类在一切领域内的发明的权利；关于科学发现享有的权利；关于工业品外观设计的权利；关于商品商标、服务商标、商号及其他商业标记的权利；关于制止不正当竞争的权利；其他一切来自工业、科学及文学、艺术领域的智力创作活动所产生的权利。

1995年1月1日成立的世界贸易组织（WTO）的《与贸易有关的知识产权协议》规定的范围，包括版权与邻接权、商标权、地理标志权、工业品外观设计权、专利权、集成电路布图设计权、未公开的信息专有权，主要是商业秘密权。

目前国际上基本上都是以这两个协议所界定的范围为知识产权的范围。当然现在随着经济、科学技术的不断发展，知识产权的范围也在不断地扩大，其范围也是在不断的发展变化的。

二、知识产权的权利状态分析

最高人民法院的破产法司法解释（二）第一条："除债务人所有的货币、实物外，债务人依法享有的可以用货币估价并可以依法转让的债权、股权、知识产权、用益物权等财产和财产权益，人民法院均应认定为债务人财产。"知识产权本质上是智力成果，这类智力创造成果具有强烈的人身属性，创造者具有表明身份的权利和独占的权利。而且更为重要的是，知识产权权利人可以应用知识产权获得商业价值，即知识产权也是一种财产权利，可以依法许可或转让，或以各种方式获得价值。在破产程序中，即可通过对知识产权的变价来实现知识产权的交换价值。但是，由于债务人企业处于破产程序当中，其拥有的知识产权交换价值不可避免地会受到债务人企业破产的影响，同时，知识产权的变价还会受到知识产权在破产程序中所属的不同权利状态的影响。因此，破产管理人在对知识产权进行清理、变价及分配时，应根据知识产权不同的权利状态采取不同的处理方法。结合理论及实践，在管理人对知识产权进行清理时，债务人企业（破产企业）所拥有的知识产权的权利状态主要可以做以下划分。

（一）按知识产权是否设定负担划分

1. 企业自己使用

企业取得知识产权之后，未许可或转让他人使用，由企业自主使用该权利。在这种状态下，此项知识产权未设定负担。管理人在对知识产权进行评估、变价时所涉及的法律关系比较简单。

2. 企业许可他人使用

为提高知识产权收益能力，减少、降低在知识产权活动中的经济与法律风险，促进知识产权的有效运用，企业法人在取得知识产权后可将知识产权授予被许可方按照约定使用。企业法人作为许可方与被许可方之间基于许可合同而产生债权关系。企业法人一旦进入破产程序，在清理该项知识产权时，管理人要根据破产法第五十三条的规定来决定是否解除合同。在此情况下，管理人应遵循实现破产财产价值最大化的原则，做出合理的判断。

3. 该知识产权设定担保：企业自己债务担保或为他人担保

债务人企业可以以依法可转让的商标专用权、专利权、著作权中的财产权进行出质。知识产权质押作为担保物权的一种重要形式，在现代社会中发挥着越来越重要的作用，它不仅是知识产权自身价值的体现，同时，从整个担保与融资市场上来看，它还具有担保价值与融资价值，因此，许多拥有知识产权的企业用取得的知识产权进行质押贷款。在进入破产程序后，此项知识产权的处理要按照破产法规定的特定财产进行处理，即担保债权人可行使别除权，该知识产权变价后，清偿不足部分按普通债权参与分配，超出部分纳入债务人财产。

4. 企业以该知识产权投资

我国企业法律制度只是规定知识产权可以作为一种出资方式，但并未明确规定是用知识产权专有权还是某项知识产权中的使用许可权出资。如果是以知识产权专有权投资，则该知识产权的权利主体发生变更，管理人只能对债务人企业投资所拥有的股权进行转让；如以知识产权的使用许可权出资，则该知识产权的权利主体仍然是破产企业，因此该项知识产权应纳入破产财产范围。

（二）以企业取得该知识产权的时间为标准

知识产权的取得需要满足一定的条件，比如著作权须作品创作完毕、专利权须向知识产权局申请等等。而破产程序是一个过程，往往需要很长时间，在此期间，企业的某项知识产权可出现以下几种状态。

1. 已申请或创作进行中企业进入破产程序，在破产程序中获批或创作完毕，即在破产程序终结前取得知识产权

在此状态下，只要债务人企业是在破产程序终结前取得该项知识产权，该知识产权应当纳入债务人财产范围。但需要考虑的是，在已申请未批准的情况下，申请人可以撤回申请或间接撤回。《中华人民共和国专利法》（以下简称《专利法》）第三十二条规定："申请人可以在被授予专利权之前随时撤回其专利申请。"第三十五条规定："发明专利申请人自申请日起三年内对其申请无正当理由逾期不请求实质审查的，其申请即被视为撤回。"第三十七条规定："国务院专利行政部门对发明专利申请进行实质审查后，认为不符合本法规定的，应当通知申请人，要求其在指定的期限内陈述意见，或者对其申请进行修改；无正当理由逾期不答复的，该申请即被视为撤回。"

同时，《中华人民共和国专利法实施细则》规定，申请专利权也需要缴纳相关费用。因此需要考虑的是在该知识产权未审批之前管理人或债务人是否有权撤回申请？或积极地请求实质审查？若没有积极地请求实质审查或未缴费而导致申请间接撤回，造成损失责任如何承担？

2. 已申请或创作进行中，破产程序终结前一直未批或未完成或未发表

债务人企业在进入破产程序前已提出专利申请或商标注册申请，或著作正在创作中，但一直到破产程序终结前仍未获批或创作完毕的，即未取得专利权、商标权或著作权，但是这一部分智力成果作为破产企业的无形资产也不应该遗漏。管理人也应该对这些无形资产进行清理、评估，以最大限度地保护债务人财产。

3. 受理前已获得，且终结时仍在有效期

按知识产权相关法律规定，知识产权是有时效性的，如《中华人民共和国商标法》（以下简称《商标法》）第三十九条："注册商标的有效期为十年，自核准注册之日起计算。"第四十条："注册商标有效期满，需要继续使用的，应当在期满前十二个月内申请续展注册；在此期间未能提出申请的，可以给予六个月的宽展期。宽展期满仍未提出申请的，注销其注册商标。每次续展注册的有效期为十年。续展注册经核准后，予以公告。"《专利法》第四十二条："发明专利权的期限为二十年，实用新型专利权的期限为十年，外观设计专利权的期限为十五年，均自申请日起计算。"《中华人民共和国著作权法》（以下简

称《著作权法》）第二十二条："作者的署名权、修改权、保护作品完整权的保护期不受限制。"第二十三条："自然人的作品，其发表权、本法第十条第一款第五项至第十七项规定的权利的保护期为作者终生及其死亡后五十年，截止于作者死亡后第五十年的12月31日；如果是合作作品，截止于最后死亡的作者死亡后第五十年的12月31日。法人或者非法人组织的作品、著作权（署名权除外）由法人或者非法人组织享有的职务作品，其发表权的保护期为五十年，截止于作品创作完成后第五十年的12月31日；本法第十条第一款第五项至第十七项规定的权利的保护期为五十年，截止于作品首次发表后第五十年的12月31日，但作品自创作完成后五十年内未发表的，本法不再保护。视听作品，其发表权的保护期为五十年，截止于作品创作完成后第五十年的12月31日；本法第十条第一款第五项至第十七项规定的权利的保护期为五十年，截止于作品首次发表后第五十年的12月31日，但作品自创作完成后五十年内未发表的，本法不再保护。"因此，只要是在此期间范围内，知识产权人就享有相应的权利。如在破产受理前债务人企业就取得该知识产权，且在破产程序终结前尚在有效期间内，则该知识产权理当纳入债务人财产的范围。

正是由于知识产权有一定的时效性，国家在授予权利人权利的同时，要求其履行一定的义务（如缴费义务、使用和实施义务），如不按规定履行一定的义务，其权利即被视为自动放弃。在人民法院受理破产案件前后，破产企业一方面由于管理混乱，对其知识产权疏于管理，另一方面由于其债务累累、资不抵债而无力支付有关知识产权的"官费"（如专利申请维持费，年费等），甚至主动放弃其知识产权。对上述不作为行为，虽然破产法没有进行明确的指向性规定，但是债权人可以以管理人未尽勤勉尽责义务要求其就损失予以赔偿。

4. 受理前已获得，且终结前到期

如前所述，知识产权是有时效性的，在破产受理前债务人企业就取得该知识产权，但破产程序终结前到期的，如何处理呢？

专利权、著作权等知识产权是有保护期限的，超过保护期限，这一权利就自行消灭，有关知识产品即进入公共领域，成为社会公共资源，任何人都可以使用该知识产品。而商标权在符合条件的情况下可以续展注册，从而无限期地延长其实际有效期。如在规定时间内没有进行续展注册，则会导致该商标权终止。因此，在进入破产程序后，如果该商标经评估仍有价值的话管理人应办理续展注册，如在规定时间内没有进行续展注册，而造成债务人财产的减少，同样应按管理人没有认真履行职责来要求其承担相应的责任。

（三）以该知识产权权利主体的人数划分为标准

1. 债务人企业为唯一权利主体

债务人企业为自主知识产权所有人，可自行对该项知识产权进行支配。该种状态下的知识产权权属明确，法律关系简单，直接纳入债务人财产即可。

2. 债务人企业与他人共有

知识产权作为一项财产权，也可能会出现权利主体多人的情况。如《商标法》第五条："两个以上的自然人、法人或者其他组织可以共同向商标局申请注册同一商标，共同享有和行使该商标专用权。"《专利法》第八条："两个以上单位或者个人合作完成的发明创造、一个单位或者个人接受其他单位或者个人委托所完成的发明创造，除另有协议的以外，申请专利的权利属于完成或者共同完成的单位或者个人；申请被批准后，申请的单位或者个人为专利权人。"《著作权法》第十四条："两人以上合作创作的作品，著作权由合作作者共同享有。没有参加创作的人，不能成为合作作者。合作作品的著作权由合作作者通过协商一致行使；不能协商一致，又无正当理由的，任何一方不得阻止他方行使除转让、许可他人专有使用、出质以外的其他权利，但是所得收益应当合理分配给所有合作作者。合作作品可以分割使用的，作者对各自创作的部分可以单独享有著作权，但行使著作权时不得侵犯合作作品整体的著作权。"依据这些条款的规定，如出现这些情况，则该项知识产权即属债务人企业与他人共同享有权利。破产管理人在对该项知识产权进行清理时应参照《民法典》关于共有的规定来处理。

（四）以破产分配时是否变价为标准

1. 已变价的知识产权

债务人企业被宣告破产后，管理人就应按照破产财产变价方案及时地、适时地对所有的破产财产进行变价。对知识产权而言，如果能实现及时有效的变价，将能极大地促进破产分配的顺利进行。

2. 无法变价的知识产权

无法变价的知识产权分为两种情况：第一种情况是，债务人企业进入的是破产重整或者破产和解程序，企业因自营拯救需要，该项知识产权需要继续持有并使用，此时管理人对于该类知识产权应作为合理评估，该价值列入债务人财产基数中；第二种情况是，企业被裁定破产宣告，此时需要及时变价，但是由于破产企业声誉的急剧下降，企业的知识产权也会随之大大贬值，甚至无人问津。因此，在破产分配时会出现一些无法变价的知识产权。实践中，对于这些知识产权要么忽视置之不管，要么无偿转让给他人。无法变价的知识产权并不表示该项知识产权毫无价值，这是受破产的影响或时间的限制，使得无法顺利变价。因此，对于这些知识产权应该由管理人统一编制清册，在破产程序终结后，向破产案件受理法院备案。如在破产程序终结后两年内，有欲取得该知识产权的人，则可变价后，对债权人进行追加分配，如两年仍无人有取得该知识产权的意向，则将该知识产权予以注销。

（五）以该项知识产权在破产程序中是否为债务人企业实际占有为标准

1. 债务人企业实际占有的知识产权

破产管理人在对破产财产进行清理过程中，一般情况下知识产权都是由债务人企业实际占有的，即债务人企业作为权利主体可以对该知识产权进行支配。

2. 债务人企业未实际占有的知识产权

企业濒临破产时，可能会出现债务人企业无偿或以不合理的价格转让知识产权等情况，这些行为造成债务人企业财产的流失。破产管理人如果在资产盘核过程中发现债务人的这些行为，应该按照企业破产法第三十一条的规定请求人民法院予以撤销，追回这些知识产权，纳入债务人财产的范围。

综上，在破产程序中，债务人企业的知识产权权利状态是庞杂的，这就需要管理人在清理过程中尽职尽责，考虑到企业知识产权的各种状态，据此，来对企业资产进行全方位的保护，以维护债务人及债权人的合法权益。

三、管理人对债务人知识产权处置中的注意事项

（一）合理评估

债务人企业的资产评估工作，在企业破产程序中占有十分重要的位置。客观、公正地反映债务人企业的现时资产价值，对债务人企业重整计划、和解协议、分配方案等文件的制定和维护债权人、债务人的合法权益有着十分重要的意义。

知识产权的使用价值具有潜在性、不确定性、在一定时限内的无限性、共享性及增值性，因此，知识产权评估应当充分考虑这些特点，不能简单套用一般实物商品价值形成方法。实际上，知识产权的价值量更多地受市场流通状况、使用领域、使用范围、使用频率以及可能产生的直接或间接的经济效益的影响，其价值除了要考虑脑力劳动的消耗以外，更要考虑其他诸多市场因素的影响。

1. 为保证估价工作的科学性、公正性和准确性，破产管理人应委托有关的资产评估机构进行

破产管理人应委托有资质、信誉好的审计评估机构进行评估。破产法并未对破产管理人委托评估行为做具体的规定，因此，在破产程序中，管理人自主选择评估机构，但债权人或债务人企业有权对破产管理人的委托行为进行监督，如对管理人委托的审计评估机构的资质或信誉有异议，经债权人会议表决通过，有权要求管理人予以更换。如果债权人或债务人企业对评估结果有异议，也有权提出重新评估的请求。

2. 要考虑到破产的特殊情况，根据知识产权的不同类型进行评估

由于债务人企业处于破产的特殊情况下，因此在知识产权评估时应考虑以下几个方面：首先评估应以转让为目的，因为要清偿债务，转让收入应计入破产财产；其次评估价值因需要快速变现，评估价值可能低于正常的转让价格；最后要根据知识产权的不同类型进行评估。虽然可以专业的委托评估机构予以评估，但是管理人也需有自身的合理判断。

（二）适时变价

破产法规定，债务人财产的变价采用拍卖的方式。同时，知识产权等无形资产可以单独拍卖。为确保通过拍卖实现知识产权的最大价值，确保拍卖的透明度、公开性，防止流拍、漏拍，防止出现拍卖流于形式等问题，可采取以下措施。

（1）要求破产管理人做好拍卖变价前准备工作，如知识产权的造册登记、评估等，选择有一定实力，拍卖经验丰富的拍卖公司负责知识产权的拍卖工作。

（2）在拍卖中破产管理人通知债权人，告之其拍卖有关内容，邀请其参加以加强拍卖的监督。

（3）客观科学地核定拍卖底价。拍卖底价过高，可能造成破产企业知识产权的流拍；拍卖价格过低，则可能使得最终拍卖价格受其影响而不理想。因此核定底价应作周密考虑，尽量客观科学。

（4）多渠道披露转让信息，广泛招商，切实做好知识产权的拍卖运作工作，实践中，这是很多破产企业的知识产权拍卖成功的主要影响因素之一。

（5）将知识产权单独拍卖。企业破产法规定可以将破产企业全部变价出售，即将有形资产和知识产权等无形资产整体打包变价，实践中很多的破产企业在对

破产财产进行拍卖变价时，都是采用整体拍卖的方式。破产财产整体出售有其优势，比如有利于破产财产的快捷变价、有利于企业资源的合理利用等等。但是，将破产财产整体出售更易忽视知识产权的价值。整体变价容易将知识产权隐藏在看似高额的变价金额中。

　　管理人对债务人财产调查的工作是一个系统工程，贯彻于整个破产程序。在破产清算程序中，对债务人财产的调查是破产管理人制作破产财产变价方案的基础，同时影响破产财产分配方案的制作；在破产重整程序中，对债务人财产进行切实、准确的调查是与投资人谈判的重要基础，债务人财产问题也是投资协议的重要内容。在接受法院指定的同时，管理人应当做好工作规划并匹配充足的人力资源，踏实、认真做好债务人财产调查工作，只有这样才能够确保破产管理人职责的有效落实，快速、稳妥推进破产案件的办理进程。

第七章　重整计划执行变更问题

　　破产重整制度是我国破产法的一个重要制度创新，也是我国破产法破产拯救理念的重要体现。按照破产法的制度设计，重整计划是破产重整制度中最核心的部分，债务人企业重整成功的法定判断标准是重整计划执行完毕。依据我国破产法第八十六条第二款规定，重整计划在人民法院裁定批准后重整程序终止，但是企业的拯救行动才进入实质性进程。重整计划是从静态上为公司设计好重生之路线图，而重整计划的执行则是"从动态上将纸面上的权利义务转化为现实中的权利义务，它是重整程序的最终落脚点，也是能否达到重整目的的实际检验"。[①]重整计划的执行是一个过程，短则几个月，长则数年[②]，因此在执行过程中会存在诸多变数。破产实践中，导致重整计划无法顺利执行的原因多样，有不执行的主观因素也有执行不能的客观原因。破产法第九十三条规定不执行或不能执行重整计划的将转入清算程序，该规定是及时止损，避免债权人权益进一步受损。但是如果"一刀切"地转换为清算程序，使得一些还有挽救价值和挽救希望的企业也被清退出市场，这与破产法的拯救理念不符，对债权人的清偿利益未必有利，因此，实践中一些出现执行障碍的破产重整案件通过变更重整计划的方式以推进破产拯救继续进行。

　　结合我国破产法的制度设计及实践，重整计划变更制度可以表述为：在人民法院做出批准重整计划的裁定之后且重整执行程序终结之前，因出现执行障碍，利害关系人向人民法院申请变更重整计划以促使企业重整成功目标实现的制度。换个角度讲就是修改已经发生法律效力的处于执行阶段的重整计划，其实质就是以新重整计划代替原重整计划，其目的就是排除执行障碍，推动重整计划的顺利执行，实现拯救企业目标。本书中的重整计划变更在我国的破产语境下是指在执

[①] 李永军. 破产法：理论与规范研究 [M]. 北京：中国政法大学出版社，2013.
[②] 我国破产法对重整计划的执行期间并没有明确规定，实务中一般6个月到10年的皆有。

行期间的变更①。

国外如美国、日本等破产法相对成熟的国家,其破产法中关于重整计划变更都有相应规定。美国《联邦破产法》第1127条将重整计划变更制度称为"Modification of Plan"（重整计划的修改），在该计划确认之后且基本完成之前，重整计划的提出者或重组后的债务人向法庭提交修改申请。日本《民事更生法》第189条将其称为"再生计划的变更"，即在法院作出批准再生计划的裁定之后且再生程序终结之前，再生债务人、管理人、监督人或申报再生债权人等因为不可抗力等事由向法院申请变更再生计划事项。

我国破产法并未对重整计划变更进行明确规定，鉴于破产司法实践需求，最高人民法院通过司法解释的方式进行了指导②，但是涉及的条款较为简陋，在具体适用中无法解决出现的新问题、新情况，导致实践中各地法院自行"突破创新"，出现的重整计划变更的案例裁判标准不一，严重影响法律的权威，以及破产案件的规范处理。因此，针对重整计划的变更问题有必要进行分析、研判，从而明确几个问题：该制度是否有建立的必要性？如有必要，该制度适用的原则（指导思想）是什么？具体规则该如何设计？在立法未完善前，当前实践中的重整计划变更如何操作？

第一节　破产重整计划变更制度的当前规定解读

如前所述，我国破产法中没有明文规定对重整计划进行相应调整的机制，最

---

① 依据我国破产法规定，在重整计划通过之前，该计划是属于草案，即"重整计划草案"，人民法院裁定批准后该草案才产生法律效力，在语言表述上为"重整计划"。且"重整计划草案"的制定过程就是各方不断协商的过程，在"草案"阶段的变更属于常态的变动，不存在法律障碍。
② 《全国法院破产审判工作会议纪要》第十九条："债务人应严格执行重整计划，但因出现国家政策调整、法律修改变化等特殊情况，导致原重整计划无法执行的，债务人或管理人可以申请变更重整计划一次。债权人会议决议同意变更重整计划的，应自决议通过之日起十日内提请人民法院批准。债权人会议决议不同意或者人民法院不批准变更申请的，人民法院经管理人或者利害关系人请求，应当裁定终止重整计划的执行，并宣告债务人破产。"第20条："重整计划变更后的重新表决与裁定批准。人民法院裁定同意变更重整计划的，债务人或者管理人应当在六个月内提出新的重整计划。变更后的重整计划应提交给因重整计划变更而遭受不利影响的债权人组和出资人组进行表决。表决、申请人民法院批准以及人民法院裁定是否批准的程序与原重整计划的相同。"《最高院关于依法妥善审理涉新冠肺炎民事案件若干问题的指导意见（二）》第二十条第二款：对于重整计划或者和解协议已经进入执行阶段，但债务人因疫情或者疫情防控措施影响而难以执行的，人民法院要积极引导当事人充分协商予以变更。协商变更重整计划或者和解协议的，按照《全国法院破产审判工作会议纪要》第十九条、第二十条的规定进行表决并提交法院批准。但是，仅涉及执行期限变更的，人民法院可以依债务人或债权人的申请直接作出裁定，延长的期限一般不得超过六个月。

高人民法院在《全国法院破产审判工作会议纪要》（以下简称《会议纪要》）、《关于依法妥善审理涉新冠肺炎民事案件若干问题的指导意见（二）》中进行了指导性规定，涉及的要点有以下七个方面。

一、重整计划变更的法定事由

《会议纪要》明确了重整计划在出现一定的事由时可以进行变更，并将变更的事由严格限定在"出现国家政策调整、法律修改变化等特殊情况"。《关于依法妥善审理涉新冠肺炎民事案件若干问题的指导意见（二）》的变更事由为"疫情或者疫情防控措施影响而难以执行"。国家政策调整、法律修改变化、疫情均属于不可抗力，对于其他因素未规定，虽然采用了"等"字表述，但是就"国家政策调整、法律修改变化""疫情"明确的事由定性来看，最高人民法院是倾向于客观方面的不可抗力因素，适用范围较为狭窄。当前实践中疫情原因适用的较多，而"国家政策调整、法律修改变化"引发的执行变更案件较为鲜见。

二、申请人为债务人或管理人

在启动方面，重整计划变更依然采用申请主义立法例，出现变更法定事由后，须由债务人或管理人主动提出变更申请作为启动变更程序的前提，人民法院无法依职权变更。债务人为重整计划的执行人，且企业重整成功与否与其具有直接的利害关系，其作为变更申请人是合理的。管理人在重整计划执行期间具有监督职责，对重整计划的执行情况、债务人的现状较为清楚，出现执行障碍时，应从保护债权人利益、实现重整拯救价值角度主动作为、客观评判，在企业具有拯救价值和可能的前提下，管理人提出重整计划变更申请也是其履行职责的应有之义。《关于依法妥善审理涉新冠肺炎民事案件若干问题的指导意见（二）》中有新的变化，考虑到"执行期限变更"对债权人的权益影响，如仅"涉及执行期限变更的"申请人除债务人外，也赋予了债权人申请变更权。笔者对实践变更案例中变更的内容进行比对，一般涉及执行期限延长由管理人提出变更申请较为普遍，而涉及经营事项如投资人变更等方面债务人的申请变更主动性较高。

三、变更次数为一次

《会议纪要》对重整计划的变更次数做了限定，只能变更一次。按照文义解释，无论是债务人或管理人提出变更申请，一旦人民法院准予变更后，即使将来再出现执行障碍，都无法再启动变更程序。严格限定变更次数，其出发点在于保障重整计划的执行稳定性。

四、变更申请决议程序为债权人会议决议通过后人民法院批准

依据《会议纪要》，变更申请提交法院之前有个前置程序，即需要债权人会议对变更申请进行表决通过。因疫情导致的变更仅涉及执行期限变更的，可直接向人民法院提出变更申请。重整计划的变更与债权人利益息息相关，是否变更以及变更后的内容由债权人会议表决是维护债权人权益的有力保障。虽然破产程序解决的是债权债务关系，但是由于涉及多方主体、多方利益，影响经济稳定、社会稳定，因此重整计划的变更需要设置一个把关程序，由人民法院对是否变更进行审查和批准，以防范恶意变更、损害债权人利益等风险。但是在个案中，对重整计划变更申请的表决规则并不清晰。无锡西姆莱斯石油专用管制造有限公司破产重整案中预设变更条款，授权债权人委员会表决；山东省齐泰实业集团股份有限公司破产重整案[1]、河南新飞电器有限公司破产重整案中均系管理人直接向人民法院申请。可见，实践中并未形成操作范例。对于变更后的重整计划（草案）的表决，目前有两个模式：一是债权人会议按照破产法规定的重整计划（草案）的表决规则分组表决；二是涉及执行期限变更的申请人直接提请人民法院裁定。

五、变更申请不通过的法律后果为宣告破产

《会议纪要》明确指出"债权人会议决议不同意或者人民法院不批准变更申请的，人民法院经管理人或者利害关系人请求，应当裁定终止重整计划的执行，并宣告债务人破产"。该意见和破产法规定相一致。变更是由于出现了执行障碍导致重整计划不能执行，如无法变更，执行障碍无法排除，执行不能客观持续存在，拯救目的无法达到，就应当宣告该企业破产，以及时止损。

六、变更申请通过的法律后果为债务人或者管理人应当在六个月内提出新的重整计划

依照《会议纪要》的规定，重整计划变更涉及两个阶段，第一个阶段是变更申请，第二个阶段是变更申请通过后的新重整计划草案的制定阶段（六个月）。《会议纪要》中新重整计划草案的制定主体依然限定为债务人或管理人，至于什么情况下由哪个主体制定没有明确规定，原则上原重整计划谁制定，变更后的重整计划草案依然由该主体制定。

---

[1] 山东省桓台县人民法院民事裁定书（〔2018〕鲁0321破3号）

七、变更后的重整计划表决范围为因重整计划变更而遭受不利影响的债权人组和出资人组

依据《会议纪要》，新重整计划草案仍需要债权人组和出资人组依据破产法规定的程序进行表决，但是将表决权限于重整计划变更而遭受不利影响的债权人组和出资人组。换个角度讲，如果变更的内容没有对债权人的清偿条件或出资人权益进行调整，则该草案无须表决。

依据最高人民法院《关于依法妥善审理涉新冠肺炎民事案件若干问题的指导意见（二）》第20条第二款规定如果仅是六个月内的重整计划执行期限延长变更，人民法院可以依债务人或债权人的申请直接作出裁定，在此情况下，新的重整计划草案无须经过债权人会议表决程序。德阳西部国际商贸（集团）有限公司[1]、武汉朕宇房地产有限公司[2]等案均以此指导意见裁定变更。

通过以上分析可以看出，虽然破产法没有规定，但是最高人民法院已经关注到了重整计划变更的实践需求，其制定的司法解释对重整计划的变更是持支持态度的，但是在变更原因、变更次数、变更申请人、变更表决权、变更程序等方面进行了严格限制。从内容上看，主要是变更程序方面的指导，未涉及变更内容[3]、重整计划变更导致的法律效力及实体问题处理。

第二节 破产重整计划变更立法的理论溯源

一、破产法拯救理念为变更奠定了价值前提

我国新破产法的破产理念已经完成了从"清算"到"拯救"的转变，破产程序的价值在于借助破产程序来挽救危困企业达到优化整个市场经济环境的目的。正是在拯救法这种破产立法理念的指导下，新破产法的体系、规则就是围绕着该价值理念予以立法设计。作为拯救企业的重整制度其价值在于救活企业，而非像清算程序一样使其退出市场经济。只要企业具有挽救价值和可行性，就应当给予其一个重生的机会。

重整计划执行出现障碍，导致执行不能的原因有很多，如果都"一棒子打死"

---

[1] 德阳市旌阳区人民法院民事裁定书（〔2016〕川0603民破字第1-30号）
[2] 湖北省武汉市武昌区人民法院民事裁定书（〔2017〕鄂0106破1号之七）
[3] 《关于依法妥善审理涉新冠肺炎民事案件若干问题的指导意见（二）》只明确了一项关于执行期限的变更。其他变更内容两个司法解释均未明确。

是不符合破产法拯救理念的。破产法的基本任务有二，一是债权债务清偿，二是拯救企业。当前的破产法规定"不执行或不能执行"重整计划的情形下宣告破产，主要是基于对债权人利益的维护、资源的优化配置。但是当出现的执行障碍并未达到"致命"程度，而"不问青红皂白"执行"死刑"，未必对债权人有利，也并非最佳路径。因此，在重整计划执行期间出现影响重整计划执行的障碍时，在债务人企业仍具有拯救意义和可行性的前提下，且对债权人的债权清偿有利时，应当给其一个对重整计划进行适当变更而寻求"重生"的机会，这是当前破产法的破产价值使然，是符合破产法立法宗旨的。

二、重整计划的性质为变更提供了理论基础

"重整计划"为破产法上的术语表述，但是从其内容及生效要件上分析其性质应当为债务人和债权人就债权债务法律关系的解决达成的"协议"[①]。从内容上分析，依据破产法第八十一条[②]规定，重整计划的核心内容为两点，一是经营方案，二是债权清偿安排[③]。这两项内容相互具有高度的关联性，债权清偿安排是建立在经营方案的基础上，是债务人企业向债权人发出的对于债权债务内容进行变更的"要约"[④]，具有协议的外观；从程序上看，破产法同时规定重整计划草案发生效力的前提是债权人会议表决通过，即债权人"承诺"，即使是强制批准也必须有部分表决组同意为必要条件，这是协议的直接体现。可见，重整计划发生效力需要经过"要约""承诺"两个阶段，是债务人企业和债权人协商一致的意思表示，因此，重整计划虽名为"计划"，实质是"协议"[⑤]。

与此同时，需要指出的是重整计划与一般的协议不同：

（1）从协议的主体看，重整计划属于多方法律行为。重整计划涉及多方主体，债务人、债权人[⑥]、出资人等，需要各方主体的意思形成一致方能产生效力。

（2）从协议成立程序上看，实行"多数决"规则。民商事领域遵循的最基

[①] 关于重整计划的定性，学界的认识存在着较大分歧，主要有"协议说""司法文书学说"等多种观点。笔者较认同"协议说"。
[②] 《中华人民共和国企业破产法》第八十一条 重整计划草案应当包括下列内容：（一）债务人的经营方案；（二）债权分类；（三）债权调整方案；（四）债权受偿方案；（五）重整计划的执行期限；（六）重整计划执行的监督期限；（七）有利于债务人重整的其他方案。
[③] 崔明亮. 破产重整计划执行法律问题研究 [J]. 中国政法大学学报，2018(2)：166-167.
[④] 重整计划的债权清偿安排往往是建立在债权人让步的基础上的，常见的内容为履行期限的延长、本金或利息的减免等。
[⑤] 崔明亮. 我国破产重整计划性质探究 [J]. 河南社会科学，2018(7)：34.
[⑥] 按照破产法的规定，破产程序中的债权人类型多样，主要包括担保债权、职工债权、税款债权、社保债权、普通债权等。从广义上讲还包括破产费用及共益债务产生的债权。

本原则是平等及意思自治。但是由于重整计划中的各方为具有利益冲突的多数，所以难以适用必须自愿协商一致的协议订立原则。因此，破产法规定重整计划的形成过程采取少数服从多数的方式[1]，未参与表决或持否定意见的债权人，也要受到已通过的重整计划的约束。

（3）协议生效采取特别生效要件。依据破产法的规定，即使是所有表决组、所有债权人都表决同意，重整计划草案依然需要人民法院的批准才能产生法律效力。在最高人民法院《关于依法妥善审理涉新冠肺炎民事案件若干问题的指导意见（二）》第20条第二款"……人民法院要积极引导当事人充分协商予以变更"，该表述也直接认可了重整计划的协议性质。

综上，重整计划属于依照法律规定具有特别生效要件的多方协议。正是重整计划的协议性质，为其变更提供了理论前提，只要当事人协商一致，应当秉承意思自治、契约自由原则允许其变更，但鉴于其具有一定的司法属性，因此在变更时要进行限制。

三、实践需求为该制度的构建提供了立法动力

我国当前的立法任务很明确，"坚持以问题为导向，紧扣实践需求"。实践中破产重整案件逐年提升，而且依据破产法拯救理念，破产法适用的理想状态是防患于未然，将企业的困境消除在萌芽阶段，困境企业甚至是"亚健康"企业都可以适用破产程序寻求发展空间、消除危机。可以预见的是，破产重整程序将成为破产程序的主流程序。而每个重整成功案件都绕不开执行阶段的顺利执行，因此重整执行阶段制度的完善是必然。另外，如上所述，重整计划为协议，是对将来事项的计划和安排，在履行过程中必然会面临着风险，因此不能僵化于计划内容，应当灵活处理。同时，依据破产法的规定，债权人对重整计划的表决及人民法院对重整计划的审查主要关注点在于计划的可行性，只是基于债务人当前的履行现状以及将来的履行能力的一个判断，因此重整计划先天不足情况普遍存在[2]，一旦不确定因素变为现实不利条件，将使得计划的执行失去保障，严重影响计划的执行。鉴于以上现实原因，重整计划执行阶段出现执行障碍的概率及占比将是一个必然要面对的现实问题。立法本就是解决实践需求，重整计划的变更

---
[1]《企业破产法》第八十四条第二款规定："出席会议的同一表决组的债权人过半数同意重整计划草案，并且其所代表的债权额占该组债权总额的三分之二以上。"
[2] 当前司法实践中重整计划草案很多判断基础是不确定的，常见情形有：土地性质的变更、投资人招募或有负债等。

问题日益凸显,因此需要破产立法修改时回应实践需求、解决实践问题。

四、国外破产法变更的成熟立法为我国提供了借鉴经验

目前经济发达的一些国家如美国、日本等国,破产法也相对较为完善和成熟,其破产法中都对重整计划的变更进行了相应的规定。美国破产法从1307条—1329条对重整计划的起草、修改、变更有相关的规定[①],"法院确认计划之后,基本完成之前,在此种情况下,重整计划的提出者或者重组后的债务人均可提出变更。"日本的《再生法》对此也有类似规定,如果"再生计划在执行过程当中发生了超出原来预计的范围,无法履行下去,由此引发的后果是这个企业还是会进一步破产,所以在重整计划还没履行完成之前可以对重整计划进行变更。"[②] 我国破产法中的重整制度充分地借鉴了国外的破产先进立法。在经济全球化的大背景下,全球的债权人和债务人具有同质性,破产法是最有望全球统一的法律。我国作为世界经济舞台的重要经济体,应当具有前瞻意识,完善破产立法,为市场经济的深入推进提供制度保障。

第三节　破产重整计划变更制度的构建分析

重整计划一旦批准,应当遵循全面、效率原则严格落实该计划。但是破产重整计划变更制度也是实践所需,是为了更好地实现企业拯救目标、维护债权人合法权益、在破产法中应当要增加和完善的一个制度。重整计划的变更制度涉及程序和实体两个方面,因此,笔者将从程序和实体两个角度对该制度进行设计。

一、重整计划变更程序设计

(一)变更启动立法体例:申请主义

破产程序虽属于人民法院主导下的司法程序,但是其实质解决的依然是债权人和债务人之间的债权债务关系,属于私领域范畴,应当遵循民法意思自治基本原则,因此在破产程序里要给予私权主体行使权利的充分自由。我国破产程序的启动采用申请主义,重整计划的变更也应当采用申请主义立法例,如无利害关系人的申请为前提人民法院不得以职权变更。由于变更属于重大事项,因此应当用书面形式,同时应当提交相关证据。

---

①韩长印.美国破产法新论(下册)[M].北京:中国政法大学出版社,2017.
②肖治文.破产重整计划执行的法律问题研究[D].武汉:华中师范大学,2019.

(二）变更申请人范围应当扩大：利害关系人

《会议纪要》规定申请变更的主体是债务人或管理人[1]，排斥其他主体的变更权，该规定的申请变更主体范围过窄，建议赋予重整计划执行的所有利害关系人变更申请权，包括债务人、债权人、管理人、重整投资人等。

重整计划的执行涉及两个主要利益方：一是债务人企业，直接涉及债务人企业的"生死"；二是债权人，直接涉及债权人的清偿利益。在破产程序的启动以及破产程序中的路径转变，破产法都给予了债务人和债权人相应的申请权利，因此两类主体对于重整计划的变更应当享有当然的变更申请权。但是为防范申请变更任意性和随意性，甚至出现恶意申请的情况，可对债务人或债权人申请权进行适当限制。一是申请次数限制；二是对债权人申请所代表的债权额限制[2]。

管理人对公司的整个经营情况、执行困境和可能存在法律风险都非常清楚，其基于对破产案件的全面了解和把控，能够真正抓住重整执行中所遭遇问题的症结，且管理人在重整计划执行期间本就承担着监督职责，因此在出现执行障碍时，管理人基于职责也应有所作为，赋予管理人重整计划变更申请权能够有效发现执行问题，维护债权人权益，推动程序的良性运转。

重整投资人的支持是企业重整成功的关键因素，而重整投资人的投资意向取决于投资回报。我国破产法对重整投资人在破产法上的法律地位缺失，重整投资人没有参与重整计划制定及执行的权利来源，必然会影响重整计划的执行效果，司法实践中重整投资人在中途撤资的情况并非鲜见。因此赋予重整投资人变更申请权，将会增加重整投资人的行动积极性，有利于重整的顺利执行。

（三）变更次数适当增加：具体视个案而定

《会议纪要》规定重整计划特殊情况下只能变更一次，该规定主要考虑是重整计划执行的稳定性、权威性、严肃性。但是有些案件较为复杂，仅一次变更申请难以满足实践需求，笔者认为应当适当增加变更次数，但为防止重整计划变更制度被滥用，可赋予每类申请主体一次变更申请的机会。但是具体到个案，还需要综合评判：一是企业的拯救价值，对于有拯救价值和希望的企业持宽容态度，多方案"治企"；二是原执行期限，原则上一年可申请变更一次；三是变更原因

---

[1] 最高院的涉疫指导意见中涉及执行期限变更的申请人为债务人和债权人。
[2] 破产程序属于集体清偿程序，债权额可参考重整计划草案表决规则，未获清偿部分债权额的三分之二以上的债权人可申请变更。因变更计划属于重大事项，无债权额限制将存在小额债权人申请变更而影响破产程序的效率及损害其他债权人利益。

及内容，对于经营方案可根据市场行情、政策变动进行调整，但是对于清偿分配不宜频繁变动。

（四）新重整计划草案的制定主体及提交时限：债务人制定，缩短提交时限

如前所述，关于新重整计划草案的制定主体，《会议纪要》限定为债务人或管理人，这与原重整计划草案的制定主体规定是一致的。破产法确定债务人抑或是管理人制定重整计划草案的是谁"管理财产和营业事务"，如是债务人自行管理财产和营业事务则债务人制定。重整计划的执行人是债务人企业，在重整计划执行阶段管理人履行的仅是监督职能，因此变更后的重整计划草案，不管是何主体申请，其制定主体应当是债务人。而且，如果制定主体为管理人，也存在一种情况，管理人的监督期限是可以少于执行期限的，如管理人的监督期限届满后的变更，再让其制定重整计划草案相当于重新"上岗"，也不具有实务操作性。

《会议纪要》给予了新的重整计划草案六个月的制定期限，实务中有按此规定六个月提交的，也有在提交申请的同时提交新的重整计划草案。原重整计划草案的制定需要建立在债权确定、资产盘核、投资人引入的基础上，因此需要一定的时间。但是执行期间的变更属于计划的微调，再给予六个月的制定期间将使得破产程序拖延，对债权人是不利的。而且债权人的变更决议也是对变更事项了解基础上的表决，无变更方案属于待定状态，也不利于债权人做出决策以及人民法院进行判决。因而，笔者建议变更的重整计划草案应当在提交债权人表决时予以提交，当然此时具体程序操作会因申请人不同有细微的差异。如果是债务人申请的变更，则其提交变更申请的同时提交重整计划草案。如是管理人等其他主体提出的变更申请，可以给予债务人企业一定的制定期，但是该制定期不宜过长，最多三个月为宜[①]。

（五）变更申请及裁定变更后重整计划草案的表决：未执行完毕的债权人均享有表决权

变更后的重整计划（草案）相对于原有重整计划来讲进行了变动，需要得到债权人的重新认可。《会议纪要》规定变更后重整计划草案需要债权人会议的表决通过，对此规定笔者持肯定态度。主要需要明确和解决的问题是表决程序和表决权。

1. 表决程序

依据我国破产法，债权人对重整计划的表决采用分组表决的方式，这是我国

---

① 变更后的计划草案制定是在原计划的基础上的变动，因此无须与原计划草案的制定周期一样给予充分的时间。

重整计划表决的一大特色，保证同组成员拥有实质上相同的权益，更能体现破产程序的公平理念。表决程序采用的是双重表决，即债权人数过半数，债权额超过三分之二。原重整计划和变更后的重整计划在性质上并无差异，其表决程序理应保持统一性，变更重整计划的表决可延续分组表决方式以及相应表决规则。

2. 表决权

重整计划的变更是进入执行状态的变更，往往部分债权人的债权已经执行完毕或者部分执行，变更主要影响的是未执行部分的债权人利益。因而，并非所有债权人都需要参加表决，对于债权已经清偿完毕的债权人其权益不受变更计划影响，因此其不需要参加表决，对变更计划无表决权。只有因重整计划变更而可能受到影响的债权人才有必要参加表决，主要是未获清偿或者获得部分清偿的债权人，赋予其未获清偿部分债权的表决权。依据《会议纪要》，新重整计划草案将表决权限于"重整计划变更而遭受不利影响的"债权人组和出资人组，该规定有些模糊。重整计划的各项内容是密不可分的，任何一项都会对债权人的表决决策及权益产生影响，因此无论变更哪项内容，未获清偿的债权人或获得部分清偿的债权人均应赋予其未获清偿部分债权的表决权。

关于出资人组是否赋予其表决权？这是肯定的。重整计划的变更必然会涉及出资人权益问题，无论是直接地对股权的调整，还是对经营方案、清偿方案的重新安排，都会对出资人权益产生影响，如果不赋予其表决权，其权益不能及时保障，不符合公平原则，同时也将增加投资人的投资顾虑。

共益债权人是否赋予其表决权？在破产程序中产生的债权为共益债权，依据破产法的规定，该类债权为随时清偿，具有优先性，重整计划的变更对其清偿规则并无影响，因此，该类债权人无行使表决权的权利基础。

（六）赋予人民法院强裁的职权

重整计划强制批准制度的存在就是为了推进重整程序，加快重整进程，保障社会利益，实现社会利益的最大化。困境企业重整并且重整成功，对于债权人来讲，获得了高于破产清算的清偿率，将员工失业、地方经济放缓的风险消灭于摇篮之中，实现多方共赢的局面。重整程序的背后是债权人个人的私利与社会公益的冲突。随着破产法的发展，社会利益最大化是破产法的终极目标。因此社会利益是重整程序必然的选择，也是强裁制度根本的遵循。强行批准制度体现了司法权力对公司重整计划的干预，是破产重整的一大特色。一定程度的司法干预可以矫正重整计划表决过程中的极端利己主义倾向，最大限度地维护社会公正，体现了效率优先兼顾公平的价值取向。《会议纪要》并未否定强裁制度的适用，实践中，已有相应的案件探索。重庆市涪陵区渝杨榨菜（集团）有限公司[①]、泰安市润和置业有限公司[②]对变更后的重整计划适用了强裁秩序。这两个案件人民法院在裁定书的论证中，皆适用破产法第八十七条第二款的规定。

笔者对这一做法表示认可，变更后的重整计划草案只要符合破产法强制批准制度的条件，依然可以适用该制度。重整计划执行出现障碍，并不意味着企业必然"无药可救"，可能进行适当调整，就能实现拯救企业的目的。破产程序解决的是私权，但是也需要考虑社会利益。因而，在债权人利益无损的前提下，对于确有挽救价值和希望的企业通过强裁予以变更，这和当前的强裁制度立法理念是保持一致的。

二、重整计划变更实体设计

（一）变更原因：无须限制

破产重整的最初的目的就是为了拯救陷入财务困境但仍然具有营运价值的企业，这也是重整计划变更制度的目的所在。重整计划的执行中面临的执行风险首先是不执行风险。不执行风险系债务人企业主观因素，债务人有执行的能力，但执行的积极性不高，主观恶意不执行。该情形不属于《会议纪要》规定的可变更的原因，在破产法中也明确出现该情形则根据相关利害关系人的申请宣告债务人企业破产。这是对债务人恶意的一种惩罚，也是对债权人的保护。其次是不能执行风险。不能执行风险非债务人主观因素，是因客观因素影响债务人企业的执行。此种情形可分为三种：一是出现不可抗力，导致执行不能，如政策、法律的修改、疫情的影响等等；二是情势变更致使履行出现困难，如自然环境的变化等[③]；三是出现商业风险导致的执行不能，如市场疲软、企业自营无力等。对于出现不可抗力的变更是《会议纪要》的允许变更事由，但是根据目前已有的公开案例显示，不可抗力主要集中在疫情原因，政策变化及法律修改较为鲜见。如果严格按照《会议纪要》，情势变更和商业风险是不属于变更事由范围的。实践中因投资人未能按期出资导致的变更案例较多，如无锡西姆莱斯石油专用管制造有限公司破产重

[①] 见重庆市涪陵区人民法院民事裁定书（2019）渝0102民破8号之二
[②] 见山东省肥城市人民法院民事裁定书（2017）鲁0983破1号之二
[③] 合同法对不可抗力、情势变更的适用进行了严格区分，但是民法典中将不可抗力和情势变更统一规定为"情势变更"，在此情况下，双方当事人可对合同进行协商变更或解除。

整案、黑龙江亿阳集团破产重整案、泰安市润和置业有限公司破产重整案、福建省金汇投资有限公司破产重整案、山东省齐泰实业集团股份有限公司破产重整案等案件皆因此原因导致偿债资金短缺遂申请变更。可见，虽然最高院的司法解释将变更案原因限定在不可抗力方面，但是司法实践中很多的变更案其实已经突破该限制[①]，并不囿于不可抗力范围，也从侧面反映了实践变更原因多样化的需求。

有学者认为应当将变更原因严格限制在不可抗力方面，笔者对此持相反意见，只要具备一个前提（债权人同意），两个原则（有利于企业拯救、有利于债权人的清偿利益），就没有必要对变更原因进行限制。对于因债务人主观因素导致的不执行，应当尽快转入清算，因为债务人作为执行人，其主观上的恶意必然会对其执行行为产生严重的影响，如不及时转入清算，债权人的权利将面临较大的风险。但是对于客观原因，即使是商业风险也应当给予其一个重生的机会。债务人企业陷入困境进入破产程序的原因很多，大部分都是因商业风险导致，进入破产程序"大门"的时候并未对不可抗力和商业风险进行区分，在程序内也无须进行区别对待。商业风险或是市场因素，或是经营管理问题，或是投资因素，这些皆可以通过变更方案进行解决。且从重整计划的协议性质及重整计划变更的程序规定来看，重整计划的变更及变更后的重整计划草案都需要债权人的同意，只要债权人和债务人协商一致，无论因何原因变更理论上都应当允许。[②]

鉴于重整计划是各方博弈的成果，一旦生效，本着诚信原则的要求，应当严格按照重整计划执行。同时重整计划是经过法院确定批准后生效的，裁定批准是法院对当事人自治结果的司法确认行为，具有法律的权威性和严肃性，任何单位、组织和个人都应严格遵守。破产法规定在重整计划执行过程中，由管理人专门负责监督。这些都是为了约束债务人在重整计划执行期的履行行为。一方面体现的是对法律的尊重，另一方面是重整计划的通过和执行已经投入了大量的人力、物力、财力，禁止轻易变更重整计划，就是防止前期工作都付诸东流，增加破产成本。

破产程序除了实现拯救目标之外，还具有一个基本职能，即保障债权人的公

[①] 河南华豫桦商业地产管理有限公司案变更原因为"涉案土地被刑事查封，重整投资人不愿意继续出资"；河南卓立膜材料股份有限公司案变更原因为"因重整计划执行过程中客观条件发生重大变化，导致部分条款无法执行"。无锡西姆莱斯石油专用管制造有限公司破产重整案变更的原因为"投资人未依约注资"；重庆市涪陵区渝杨榨菜（集团）有限公司破产重整案变更的原因为"经营资金短缺"。
[②] 张世君. 破产重整计划研究[J]. 公司法律评论, 2011(1): 179.

平清偿利益。代入重整计划变更制度，是否变更的一个最基本的衡量标准应当是变更是否有利于债权人的清偿利益？该制度在适用时，应当充分考虑变更对债权人权益的影响，直观的标准是变更后债权人获得的清偿不得低于变更节点为基准时依清算程序应当获得的利益。同时，意思自治是私法领域中奉行的基本原则，即当事人有权对自己的事务做出安排。重整计划不管是从表决的方式、表决规则、计划内容，还是最后的表决权行使结果都体现出意思自治的原则。而重整计划的变更，更要尊重各利益方的意思。对于重整计划若债权人或出资人不同意变更的，法院就不应进行强制干预。《会议纪要》规定重整计划的变更应以债权人会议通过作为必经程序。相反，不管因何原因变更，只要债权人或出资人都一致同意的，法院同样不应进行强制干预。这样的制度设计才能充分体现公平原则，也最大程度尊重各利益方的意思自治，完全符合破产法的定位。

与此同时，对于重整计划是否允许变更在内容上还需要考量一个因素：该执行障碍是否达到变更的必要性？虽然笔者对变更原因无须限制持肯定态度，但是也并非支持一有"风吹草动"即变更的做法。在立法制度设计上无法设定一个合理的通用标准，只能是采用概括的方式，但是在实务操作中，人民法院在对变更申请审查时应当进行把关，根据个案判断变更的必要性。

（二）变更内容设定边界：有利于拯救企业、有利于债权人的清偿利益

当前实践中重整计划的变更内容主要是集中在"延长执行期限""更换投资人"方面。《会议纪要》并未对变更的内容进行限制。变更的内容应当持开放态度，人民法院应当创新思维，符合有利于拯救企业，有利于债权人的清偿利益的原则，重整计划的重要两个方面经营方案和执行方案皆可变更。重整计划中经营方案和执行方案是密切相关的两项内容，经营方案的科学性、合理性、可行性直接决定企业经营状况，而企业的经营状况又直接涉及企业的盈利及清偿能力，进而影响着执行方案是否能够顺利执行。企业的经营方案受市场波动影响较大，因此可能会存在需要适时变动的需要，如果涉及细小的调整对于整体影响不大，债务人企业自行变动即可，但是如果涉及重大经营方向或者产业结构的变动，必然会对债权人权益实现有影响，因此也应当按照变更程序进行。

（三）对已经执行部分的债权人的已执行的部分有效

重整计划变更是执行变更，必然存在计划已经部分执行情形，当该计划进行变更时，已经清偿的债权效力如何？答案是肯定的。已执行的部分是依法依计划

的执行，债权人有受领权，属于合法清偿，其权利应当得到保障。截止重整计划变更申请被人民法院裁定之时，已经执行完毕的，债权债务关系已经消灭。已经部分执行的有效，债权人依据未执行的剩余债权额在破产程序中行使相关权利。当然还存在一种情况，变更后重整失败而转入清算程序的，此情形下应承认变更后的执行效力，其他按照当前破产法的相关规定处理即可。

（四）对人民法院不批准变更裁定的救济：申请人可向人民法院提起复议

我国破产法对破产程序中对人民法院裁定不服的救济有两种方式：一是上诉；二是复议。而对于上诉救济，破产法明文规定适用于破产申请不予受理裁定和驳回申请裁定两种情形下，其他在程序内的救济皆适用复议方式。破产申请不予受理裁定和驳回申请裁定是涉及是否适用破产程序的问题，重整计划的变更很显然是程序内的法律动作变动，因此不能采用上诉的方式对不批准变更裁定进行救济，而采用复议方式更为符合破产法的立法逻辑。

第四节　破产重整计划变更制度设计示例

综上，笔者结合最高人民法院的司法解释，对破产重整计划变更制度设计立法设计如下。

债务人应严格执行重整计划，因出现执行障碍，导致原重整计划无法执行的，管理人、债权人、债务人、重整投资人等利害关系人可以提出重整计划变更申请。债权人会议决议同意变更重整计划的，应自决议通过之日起十日内提请人民法院批准。人民法院经审查不损害债权人利益、有利于实现企业拯救目的的，应当准予变更。

债权人会议决议不同意或者人民法院不批准变更申请的，人民法院经管理人或者利害关系人请求，应当裁定终止重整计划的执行，并宣告债务人破产。

人民法院裁定同意变更重整计划的，债务人或者管理人应当在六个月内提出新的重整计划。变更后的重整计划应提交给债权人会议进行表决。表决、申请人民法院批准以及人民法院裁定是否批准的程序与原重整计划的相同。

人民法院裁定同意变更重整计划的，原重整计划终止执行，已经执行的部分有效。已经清偿完毕的债权债务消灭，未清偿完毕的债权人以剩余债权额及性质在债权人会议中行使权利。在执行期间债务人企业设定的担保有效。在执行期间产生的债务作为共益债务予以清偿。

人民法院不批准变更申请的裁定，申请人可向该人民法院提起复议。

我国破产重整制度起步较晚，属舶来制度，实践经验相对缺乏，重整工作经常会遇到法律界限模糊、没有参考先例、突破性大等问题。而重整计划变更制度法律尚没有明文规定，最高人民法院也是原则性的指导意见，司法实务界都在"摸着石头过河"。当前破产法提上修改日程，期待重整计划执行变更问题纳入修改完善范围，以规范实务操作。

第八章　破产程序中的债权清偿规则

我国破产法规定了破产重整程序、破产和解程序和破产清算程序三大程序，这三个程序可以分为破产拯救程序和破产清算程序，但不管是拯救程序还是清算程序，都有一个共同的任务，就是对涉及债务人企业的债权债务关系进行处理，在破产程序中对债权人的债权进行清偿安排。从广义上来讲，破产程序当中的债权清偿既包括对破产受理前的债权清偿，也包括在破产受理进入破产程序后，债务人企业所承担的债务。从狭义上来讲，破产程序中的债权清偿仅仅是指对破产受理前的破产债权进行的清偿安排，即破产分配。因此，不管是破产受理前的债权清偿还是破产受理进入程序后的债权清偿，都涉及对债务人现有财产的分配，即债权的责任财产是具有同一性的，因此在本书中笔者将从广义的角度出发，对债务人企业进入破产程序后涉及其财产的债权清偿规则进行梳理和分析。

第一节　一般清偿规则

破产法第一百零九条规定："对破产人的特定财产享有担保权的权利人，对该特定财产享有优先受偿的权利。"第一百一十三条对破产财产的分配顺位及规则予以了明确，"破产财产在优先清偿破产费用和共益债务后，依照下列顺序清偿：（一）破产人所欠职工的工资和医疗、伤残补助、抚恤费用，所欠的应当划入职工个人账户的基本养老保险、基本医疗保险费用，以及法律、行政法规规定应当支付给职工的补偿金；（二）破产人欠缴的除前项规定以外的社会保险费用和破产人所欠税款；（三）普通破产债权。破产财产不足以清偿同一顺序的清偿要求的，按照比例分配。破产企业的董事、监事和高级管理人员的工资按照该企业职工的平均工资计算。"依据破产法的规定，债务人财产履行的债务清偿义务或分配顺序为：担保债权—破产费用和共益债务—职工债权—社保债权、税款债权—普通债权—劣后债权。原则上前一顺位的清偿完毕后才能进行下一顺位的清偿，同一清偿顺位的比例一致。在清偿过程中，无论在哪个顺位，债务人财产清偿殆尽的，管理人应当向人民法院申请终结破产程序。当然，如有主体原因垫付破产费用而进入推进程序的也可以不终结程序。

一、关于担保债权的清偿规则

担保债权在破产程序中被表述为"对破产人的特定财产享有担保权的权利人"，涉及的财产为"特定财产"，其特定性表现在该财产只能针对对其享有担保权的债权人清偿，不足的转入普通债权，超出的金额用于其他债权的清偿。对担保债权的清偿不属于破产分配范围，而是在破产分配之外的特殊清偿规则，担保权人通过行使别除权而满足其债权利益。

二、关于职工债权的清偿规则

职工工资直接关系到职工的切身利益，这类债权的清偿，影响到职工的基本生活和社会的稳定。而国家重视职工的基本生活利益，重视社会的安定，就不得不把此类债权置于其他债权之上。在破产企业拖欠职工工资及其他福利的清偿顺序问题上，全国人大常委会在审议中有意见提出，在破产企业无担保财产不足以清偿被拖欠的职工的工资等费用的情况下，还应以担保财产来优先受偿。但是这又会损害担保物权人的利益，影响担保制度的稳定和交易的安全。如何找到职工合法权益与市场交易安全的平衡点，是企业破产法立法进程中的最大障碍。最终，全国人大常委会以"新老划断"的变通方式，找到了一个折中方案。即在破产法公布前出现的破产，破产人将优先清偿职工工资和其他福利；破产人无担保财产不足清偿职工工资的，要从有担保的财产中清偿。破产法公布后，破产人将优先清偿企业担保人，职工工资和其他福利仅能从未担保财产中清偿。所以2006年8月27日就成了界定劳动债权和担保债权清偿顺序的分水岭。

三、社保债权和税款债权的清偿规则

税收作为组织国家财政收入、实现国家职能的重要工具之一，是特定历史条件下的产物，任何纳税主体只要取得了应该纳税的收入，就必须按照税法规定的比例纳税，一般不应受其他客观因素的影响。税收的强制性及重要作用决定了破产企业的财产必须部分的用于偿还所欠国家的税款，不能因企业经营状况恶劣而免却纳税的责任，所以将其列在这一顺位。

社保债权事关职工利益以及社会保险统筹资金安全，因此同税款债权同样位列破产分配的第二顺位。需要指出的是，在破产重整中社保债权是不能调整的。破产法第八十三条明确指出"重整计划不得规定减免债务人欠缴的本法第八十二条第一款第二项规定以外的社会保险费用；该项费用的债权人不参加重整计划草案的表决。"因此，在重整计划中的清偿安排对于社保债权应予以特别的关注。

四、普通破产债权的清偿规则

普通债权在破产法规定的破产财产的清偿顺位上属于第三顺位，位列最后。因此实践中，普通债权的清偿率较低，甚至为零。债务人企业本身缺乏清偿能力的，按照顺位清偿，势必削减普通债权的清偿比例。这也是与普通债权的性质相适应的。普通债权既无财产担保也非涉及特殊利益群体，其债权的形成本就是市场交易过程，而市场交易本身就存在着风险，其债务人进入破产程序而导致其债权无法得到全额实现，也是其承担交易风险的一种表现。在破产清算程序中，管理人需要严格地按照破产法第一百一十三条规定的顺位和规则进行破产分配方案的制定。但是重整计划草案中，对小额债权人的利益保护，往往对小额债权和大额债权安排了不同的清偿比例，在破产法中明确规定债权分组可以分为大额债权组和小额债权组，也就意味着可对不同的小组进行不同的清偿安排，但是原则上应当按照破产法规定的顺位进行清偿。

第二节　特殊清偿规则

在破产程序的清偿安排中，除了前文所阐述的基本清偿规则外，债务人企业或者管理人还应当重点关注一些法律法规规定的特殊债权的优先清偿规则。

一、被拆迁债权人的权益保障

该类债权主要是涉及房地产企业破产案件、企业在取得建设用地使用权时的拆迁安置户未处理。进入程序后，未得到补偿安置被拆迁户对债务人企业享有债权。因被征收房屋已经被拆除，被拆迁人的义务履行完毕，因此拆迁安置补偿协议必须也只能继续履行。被拆迁人的房屋已经拆除为客观事实，如果无法安置，将会丧失生存所依赖的居住房屋，因此基于生存权的应将其优先清偿。如双方签订了拆迁补偿安置协议，协议明确约定拆迁人以位置、用途等特定的房屋对被拆迁人予以补偿安置。此时按照《最高人民法院〈关于审理企业案件若干问题的规定〉》第七十一条第六项规定："尚未办理产权证或者产权过户手续但已向买方交付的财产不属于破产财产。"此时被拆迁人享有的是物权,是个人财产,可以依据该条予以交付处理。

二、购房户债权人的权益保护

该类债权同样是存在于房地产企业破产案件。房地产企业从事的行业决定了一旦进入破产程序,其房地产项目很多将成为俗称的"烂尾楼",而且现在很多房地产项目都是期房出售,因此导致大量的购房户的购买目的落空,企业方需要承担相应的赔付责任。消费购房者人数众多、签订的房屋买卖合同、网签、不动产预告登记、不动产登记、房屋交付、产权办证等情况千差万别,如处理不当,极易导致发生不稳定事件的后果。

最高人民法院在《关于建设工程价款优先受偿权问题的批复》第二条认为:"消费者交付商品房的全部或者大部分款项后,承包人就该商品房享有的工程价款优先受偿权不得对抗买受人。"据此,如果属于消费性购买,交付商品房的全部或者大部分款项后其对该房产标的享有优先受偿权。因此,对该类问题处理时,首先应该对是否是消费性购房进行认定。在最高人民法院《关于人民法院办理执行异议和复议案件若干问题的规定》第二十九条"使用了所购商品房用于居住且买受人名下无其他居住房屋的"规定来对消费购房者购买的房屋进行限定。最高院在答复山东高院就处置济南彩石山庄房屋买卖合同纠纷案的请示,认为"交付全部或者大部分款项的购房者享有的购房款返还请求权优先于承包人的建设工程价款优先权和抵押权人的抵押权"。上述法律规定其实限定了购房户的认定,指为生活消费需要而购买房屋的自然人。

如果确定为消费性购房,则就其购买的标的房屋享有优先受偿权。同样是基于生存权的保护,只有赋予消费购房者特别优先权的权利,方能保障消费购房者在购买的房屋内居住生活,满足其生存的基本权利;同时也是基于维护社会稳定的需要,在房地产企业进入破产程序后,由于有许多建筑工程尚未完工,导致许多消费购房者因没有得到房屋而申报债权。如对众多的消费购房者的权利处理不当,极易引发群体事件的发生,造成社会的不稳定。

三、建设工程价款债权人的权益保护

施工单位被拖欠工程款后,因缺乏资金支付工人工资,又造成工人工资被拖欠,工人利益受损。最高人民法院《关于建设工程价款优先受偿权问题的批复》明确对工程价款进行优先保护,该批复确定工程价款优先受偿权优先于抵押权和其他债权，劣后于消费购房者债权。工程价款优先受偿权的法律制度，意图达到保障施工单位的工程款得到优先受偿，工人工资得到保障的目的。

需要注意的是，根据《最高人民法院关于审理建设工程施工合同纠纷案件适用法律问题的解释（二）》（以下简称施工合同司法解释二）第十七条的规定，"与发包人订立建设工程施工合同的承包人向发包人主张工程价款优先受偿权的，法院应予支持。"也就是说，与发包人存在合同关系的承包人才能成为工程价款优先受偿权的主体。实践中与发包人订立建设工程施工合同的实际施工人在法定期限内申报债权的可以成为工程价款特别优先权的权利主体。

另外，建设工程价款优先权的范围也需要明确。根据最高人民法院《关于建设工程价款优先受偿权问题的批复》第三条，建筑工程价款包括"承包人为建设工程应当支付的工作人员报酬、材料款等实际支出的费用，不包括承包人因发包人违约所造成的损失"。另司法解释二第二十一条的规定，工程价款优先受偿权的范围依照国务院有关行政主管部门关于建设工程价款的范围确定。国务院有关行政主管部门关于建设工程价款的范围确定为人工费、材料费、施工机具使用费、企业管理费、利润、规费和税金等。超出该范围的将不享有优先权。

关于工程价款优先权与消费购房者优先权、抵押优先权的权利冲突的解决。这三种债权人往往并存，如企业资产不能够全覆盖这些优先权的时候，这三者如何排序？最高院在破产审判会议纪要中指出，无明文规定时按照人身权优先于财产权、私债权优先于公债权的偿债原则处理。据此，当这三种优先权产生冲突时，应当按照拆迁户债权—消费者购房人债权—建设工程款债权的顺序进行清偿。

四、关于法律没有明确规定清偿顺序的债权的清偿规则

破产法无法对实践中产生的所有的与债务人相关的债权进行逐一的列举，在破产实务中经常会出现超出破产法明确规定范围的债权，但这也是根据相关的法律法规，应当由债务人企业履行义务的债务债权。对此，最高人民法院在《全国法院破产审判工作会议纪要》（法〔2018〕53号）中指出"28.破产债权的清偿原则和顺序。对于法律没有明确规定清偿顺序的债权，人民法院可以按照人身损害赔偿债权优先于财产性债权、私法债权优先于公法债权、补偿性债权优先于惩罚性债权的原则合理确定清偿顺序。因债务人侵权行为造成的人身损害赔偿，可以参照企业破产法第一百一十三条第一款第一项规定的顺序清偿，但其中涉及的惩罚性赔偿除外。破产财产依照企业破产法第一百一十三条规定的顺序清偿后仍有剩余的，可依次用于清偿破产受理前产生的民事惩罚性赔偿金、行政罚款、刑事罚金等惩罚性债权。"最高人民法院确立了一个原则，即当法律没有明确规定清偿顺位时，按照"人身损害赔偿债权优先于财产性债权、私法债权优先于公法债权、补偿性债权优先于惩罚性债权的原则合理确定清偿顺序"，人身侵权产生的债权可以列入第一顺位，而"破产受理前产生的民事惩罚性赔偿金、行政罚款、刑事罚金等惩罚性债权"则属于劣后债权，只有破产程序中明确规定的债权全部清偿完毕后，债务人财产还有剩余的才予以清偿考虑，实践中劣后债权得到清偿的较为罕见。

第三节　破产费用和共益债务的认定

破产费用，是指"破产程序开始时以及办理过程中，为破产程序的进行以及为全体债权人的共同利益而在破产申请的受理、破产财产的管理、变价和分配中产生的，以及为破产财产进行诉讼和办理其他相关的事务所开支的各项费用"。共益债务，具体是指"在破产程序中为全体债权人的共同利益而发生的各种债务"。[①]

一、破产费用和共益债务的立法体例

关于破产费用和共益债务的规定，各国立法规定有所不同。日本破产法将破产费用和共益债务都统称为"财团债权"；法国破产法则称之为程序开始后的合法债权等等。法律术语表述的不同其实也体现了破产费用和共益债务在该国破产法中法律地位的差异。目前国内外关于破产费用和共益债务这两者的规定表现为两种立法体例。一是合并制，指的是把破产费用和共益债务混用，在法律地位上两者无区别。如日本破产法、美国破产法、法国破产法以及我国《企业破产法（试行）》等[②]。二是区分制，即立法将把破产费用和共益债务进行区分，差异对待，并赋予不同的法律地位。如德国破产法以及我国新破产法等[③]。

二、破产费用和共益债务的认定

债务人企业进入破产程序后，一般情况下，债务人财产属于全体债务人须履行支付义务的责任财产，破产费用和共益债务同样需要和其他债权人一起共同划分"债务人财产"这个蛋糕，而且依据破产法的规定，对破产费用和共益债务的支付是随时产生随时清偿，是处于优先支付地位的，因此在破产程序中对破产费

[①] 韩长印. 破产法学 [M]. 2版. 北京：中国政法大学出版社，2019.
[②] 韩传华. 企业破产法解析 [M]. 北京：人民法院出版社，2007.
[③] 柴丽. 论破产费用与共益债务 [J]. 濮阳职业技术学院学报，2018(5)：2.

用和共益债务支付必须严格把关，谨慎支出。

（一）破产费用和共益债务的范围

破产法第四十一条规定："人民法院受理破产申请后发生的下列费用，为破产费用：（一）破产案件的诉讼费用；（二）管理、变价和分配债务人财产的费用；（三）管理人执行职务的费用、报酬和聘用工作人员的费用。"

破产法第四十二条规定："人民法院受理破产申请后发生的下列债务，为共益债务：（一）因管理人或者债务人请求对方当事人履行双方均未履行完毕的合同所产生的债务；（二）债务人财产受无因管理所产生的债务；（三）因债务人不当得利所产生的债务；（四）为债务人继续营业而应支付的劳动报酬和社会保险费用以及由此产生的其他债务；（五）管理人或者相关人员执行职务致人损害所产生的债务；（六）债务人财产致人损害所产生的债务。"

我国破产法很明确的采用区分立法例，将破产费用和共益债务分别进行具体的列举式规定，严格划分两者的界限。两者都是采用列举方式规定，清晰、明确，利于两者的认定。而且这两者都没有兜底条款，也说明了立法者对这两者的严格限制。两者有区分，但是在清偿规则里又将两者并列规定，因何新破产法会做出这样的改变和安排？究其原因，我们可以从立法规定的破产费用和共益债务具体情形寻找联系和差异。

破产费用和共益债务产生的时间均为进入破产程序后，或为了破产程序的顺利进行，或为了更好地管理债务人财产，或为了保护债权人或者有利害关系第三人的利益而产生的。但是从法律规定的具体情形分析，两者产生的原因是有区别的，破产费用属于成本性支出，是在破产程序进行和债务人财产管理过程中支出的常规性、程序性费用，是所有破产案件皆需费用，且大多因消极的维持行为而发生。但是共益债务是在破产程序中为使债权人共同受益而承担的责任，多因合同等积极行为而发生，是相关主体主动而为之之行为。正是由于两者的异同，所以我国破产法才将其分别加以规定，这样使得在认定债务性质上更加清晰、明确。

三、破产费用和共益债务的拨付与清偿

破产法第四十三条规定："破产费用和共益债务由债务人财产随时清偿。债务人财产不足以清偿所有破产费用和共益债务的，先行清偿破产费用。债务人财产不足以清偿所有破产费用或者共益债务的，按照比例清偿。债务人财产不足以清偿破产费用的，管理人应当提请人民法院终结破产程序。人民法院应当自收到请求之日起十五日内裁定终结破产程序,并予以公告。"按照此条规定,破产费用和共益债务的清偿规则如下。

(一)破产费用和共益债务由债务人财产随时清偿

按照这一条款的规定,破产费用和共益债务是随时产生、随时清偿。换个角度理解,就是破产费用和共益债务的请求债权人享有优先于破产中其他债权人优先受偿的地位。破产费用和共益债务一般是在破产受理后产生的,债务人企业进入了破产程序,此时如果不优先支付随时清偿的话,债权人就会出于风险考虑,顾忌自己债权的实现而不愿与债务人企业产生债权债务关系,这样就会阻碍破产程序的进行,影响债权人的利益。

(二)破产费用相对于共益债务有优先性

当债务人的财产能够完全支付破产费用和共益债务的时候,不存在支付顺序问题;当债务人的财产不能完全支付所有的破产费用和共益债务的时候,清偿的先后顺序就直接影响相应破产费用和共益债权人债权的实现。破产法明确规定,"债务人财产不足以清偿所有破产费用和共益债务的,先行清偿破产费用",即在债务人财产不足以清偿所有破产费用和共益债务的情况下,破产费用优先清偿。但是这是针对现存的没有清偿的破产费用和共益债务来讲的,对已经清偿的是合法有效的,不能予以追回。因此,两者的清偿先后这种情况只是出现在破产费用和共益债务并存的情况下才有适用的空间。举例说明:某企业的破产申请被法院受理后,管理人在管理财产过程中产生费用30万,未支付,该费用属于破产费用;另外,管理人决定继续履行一份房屋租赁合同,需要支付租金40万,未支付,该支付属于共益债务;但此时债务人财产仅剩40万,这种情况下清偿的先后顺序直接影响债权人的清偿利益,按破产法第四十三条的规定,应先支付财产管理费用30万,剩下的10万用来支付租金,租金不能完全清偿。

破产法之所以在这种资产无法覆盖破产费用和共益债务的情况下优先清偿破产费用,主要是基于破产费用是属于成本性支出,是进行破产程序必须要支出的,如果不清偿,则破产程序将无法继续进行,而共益债务则是因合同等积极行为而产生的,债权人本身就应该要承担一定的风险。

(三)债务人财产不足以清偿所有破产费用或者共益债务的,按照比例清偿

该条规定需要进行进一步的解释和说明。该条处理的不是破产费用和共益债务的关系,而是在资产不足时破产费用与破产费用之间或共益债务与共益债务之

间的清偿问题。还是举例说明，如债务人财产现在为 100 万，但是目前应当支付的破产费用及共益债务的结构为：破产受理后的水电费等 30 万，管理人报酬 30 万，财产拍卖费用 10 万，因继续营业须支付职工工资 50 万，债务人财产侵权须对受害人赔偿 20 万等，这几项债务目前都面临着支付，合计共 140 万。对这几项债务进行定性，前三项属破产费用，而后两项为共益债务。如按照破产法第四十三条规定的清偿规则，应先清偿破产费用 70 万，之后剩余 30 万。这 30 万不足以支付后两项共益债务，因此需要按照比例受偿。

（四）债务人财产不足以清偿破产费用的法律效果

如债务人财产不足以清偿破产费用的，按照破产法的规定管理人应当提请人民法院终结破产程序。对此规定的理解无歧义，主要是涉及之前的条款都是将破产费用和共益债务一并规定，而此款却进行了舍弃。对于出现债务人财产不足以清偿共益债务的情形应如何处理？破产法没有规定。有学者认为，该条款是漏写了共益债务，可能是立法者在没有细细分析《企业破产法（试行）》和最高人民法院《关于审理企业破产案件若干问题的规定》中的"破产费用"概念与破产法中的"破产费用"概念有重大区别的情形下，简单地套用了原有的条款规定所致，该解释有一定的推理道理，但是可信度不高。立法是谨慎、细致、严密的工作，不会出现如此明显的遗漏。笔者认为，立法者还是基于两者的区别考虑，只要成本性支出能够维持，破产程序就能够继续进行，未必必须终结程序。且在实务中，即使破产法没有明确规定，也不会产生实质影响。按照破产法的规定推理，共益债务的拨付同破产费用一样是随时清偿的，如果债务人财产不足以清偿共益债务的，也就意味着没有财产来清偿将来的破产费用，所以也可适用该条款提请终结。因此在财产不能清偿共益债务的情况下，管理人也可以提请人民法院终结破产程序。另外，债务人财产不足以清偿共益债务的，说明已无财产可供分配，再继续破产程序无意义，也可以适用无财产可供分配的理由来终结程序。

综上所述，破产费用和共益债务的清偿规则决定了这两者的支付较为敏感，破产法的规定较为明确、具体，对于管理人来讲，一定要尽到法律规定的勤勉、尽责的义务，要从全体债权人的共同利益出发，严格控制破产费用和共益债务的支出，以使债权人的利益达到最大化。

参考文献

[1] 徐永前. 企业破产法讲话 [M]. 北京：法律出版社，2006.

[2] 韩传华. 企业破产法解析 [M]. 北京：人民法院出版社，2007.

[3] 李国光. 新企业破产法疑难释解 [M]. 北京：人民法院出版社，2007.

[4] 韩长印. 破产法学 [M]. 北京：中国政法大学出版社，2007.

[5] 王欣新. 破产法学 [M]. 北京：中国人民大学出版社，2008.

[6] 柯善芳. 破产法概论 [M]. 广州：广东高等教育出版社，1988.

[7] 王卫国. 破产法（原理·规则·案例）[M]. 北京：清华大学出版社，2006.

[8] 王卫国. 破产法精义 [M]. 北京：法律出版社，2007.

[9] 李国光. 新企业破产法案例评析 [M]. 北京：人民法院出版社，2006.

[10] 刘德璋. 新企业破产法理解与操作指南 [M]. 北京：法律出版社，2007.

[11] 霍敏. 破产案件审理精要 [M]. 北京：法律出版社，2010.

[12] 沈贵明. 破产法学 [M]. 郑州：郑州大学出版社，2004.

[13] 张小炜，尹正友.《企业破产法》的实施与问题 [M]. 北京：当代世界出版社，2007.

[14] 王艳华. 破产法学 [M]. 郑州：郑州大学出版社，2009.

[15] 王欣新. 破产法原理与案例教程 [M]. 北京：中国人民大学出版社，2010.

[16] 潘琪. 美国破产法 [M]. 北京：法律出版社，1999.

[17] 陈荣宗. 破产法 [M]. 台北：三民书局，1986.

[18] 徐永前. 企业破产法辞解 [M]. 北京：企业管理出版社，2007.

[19] 邢立新. 最新企业破产法实务精答 [M]. 北京：法律出版社，2007.

[20] 唐晓春. 企业破产的法律风险及防范 [M]. 北京：中国法制出版社，2007.

[21] 尹正友. 中美破产法律制度比较研究 [M]. 北京：法律出版社，2009.

[22] 汤维建. 破产程序与破产立法研究 [M]. 北京：人民法院出版社，2007.

[23] 韩长印. 破产疑难案例研习报告（2020年卷）[M]. 北京：中国政法大学出版

社，2021.

[24] 吴在存. 破产审判的专业化与规范化：北京破产法庭的探索与实践 [M]. 北京：法律出版社，2019.

[25] 徐亚农. 破产审判的温州探索 [M]. 北京：法律出版社，2018.

[26] 陈夏红，闻芳谊. 破产执业者及行业自治 [M]. 北京：法律出版社，2018.

[27] 韩天明. 民营企业破产法律问题研究：以泉州破产审判为视角 [M]. 北京：法律出版社，2020.

[28] 徐阳光，吴建峰. 破产审判的富阳实践：基于项目化指引的探索 [M]. 北京：法律出版社，2019.

[29] 陈夏红，闻芳谊. 破产债权保障手册 [M]. 北京：法律出版社，2020.

[30] 戴红兵. 破产审判的广西实践与探索 [M]. 北京：法律出版社，2019.

[31] 许胜锋. 人民法院审理企业破产案件裁判规则解析 [M]. 北京：法律出版社，2016.

[32] 张卫平. 破产程序导论 [M]. 北京：中国政法大学出版社，2005.

[33] 罗培新. 破产法 [M]. 上海：上海人民出版社，2008.

[34] 杜万华. 最高人民法院企业破产与公司清算案件审判指导 [M]. 北京：中国法制出版社，2017.

[35] 徐根才. 破产法实践指南 [M]. 北京：法律出版社，2018.

[36] 许德风. 破产法论：解释与功能比较的视角 [M]. 北京：北京大学出版社，2015.